카르마와 환생

Karma & Reincarnation

.

KB192281

카르마와 환생
Karma & Reincarnation

2022년 12월 15일 초판 1쇄 펴냄
2024년 4월 10일 초판 2쇄 펴냄

지은이 파라마한사 요가난다
옮긴이 이현주
펴낸이 신길순
다듬은이 김수진

펴낸곳 도서출판 삼인
등록 1996년 9월 16일 제25100-2012-000046호
주소 03716 서울시 서대문구 성산로 312 북산빌딩 1층

전화 (02) 322-1845
팩스 (02) 322-1846
전자우편 saminbooks@naver.com

디자인 디자인 지폴리
인쇄 수이북스
제책 은정제책

ISBN 978-89-6436-229-7 03200

값 12,500원

Karma & Reincarnation

파라마한사 요가난다의 지혜

카르마와 환생

이현주 옮김

삼인

차
례

발행인의 말

    카르마karma(業), 죽음, 환생還生(reincarnation)은 여러 사람의 관심을 끄는 주제다. 우리가 이것을 이해하는 만큼 인생이 우리에게 풍요롭고 의미 있게 다가올 것이다. 이 책을 쓴 파라마한사 요가난다Paramahansa Yogananda는 머릿속 상념이 아니라 진실에 대한 내면의 통찰을 글로 쓴 위대한 요가 스승이었다.

    인간의 삶에 영감을 심어주고 정신적 방향을 잡아주었던 파라마한사 요가난다는 1920년 인도에서 미국으로 건너가 인도 요가의 가르침과 기법을 서양에 소개한 인물이다. 서양에 거처를 마련한 최초의 요가 스승인 그의 저서 『어느 요기의 자서전(Autobiography of a Yogi)』은 고전古典이자 베스트셀러가 되었고, 많은 서양인들이 동양의 영적 가르침에 매료되었다.

    요가는 인간의 에너지를 자기 내면으로 향하게 해서 영적 깨어남을 안겨주는 고대의 기법이다. 요가난다는 미국인들에게 구체적이고 효과적인 명상법을 소개하는 데 그치지 않고, 어떻게 삶의 모든 영역에 그 원리를 적용할 수 있는지를 보여주었다. 그는 저술, 강연, 작곡 활동에 매진하면서 1952년 사망할 때까지 32년

간 미국에 살았다.

　이 책에 수록된 내용은 1920년대와 1930년대에 그가 남긴 가르침, 1943년까지 발행된 잡지 『내적 문화(Inner Culture)』와 『동양 서양(East West)』에 게재된 글, 『어느 요기의 자서전』(1946), 스와미 크리야난다Swami Kriyananda가 편집하고 요가난다가 해설한 『오마르 카얌의 루바이야트(The Rubaiyat of Omar Khayyam)』 그리고 가까운 제자인 스와미 크리야난다가 스승과 함께 살며 남긴 기록에서 발췌한 것들이다.

　우리는 이 책을 최소한으로 편집해 스승의 정신을 명료하게 드러내려고 한다. 장황하다 싶은 문장을 간추리고, 내용을 좀더 분명히 드러내려고 단어와 문장을 손보기도 했다. 책에 수록된 글 대부분이 다른 데서는 찾아볼 수 없는 것들이다.

　이 중요한 주제에 관한 요가난다의 글에서 많은 독자들이 이해와 위안과 영감을 받는다면 더는 바랄 것이 없겠다.

제2장

카르마 법칙

The Law of Karma

카르마는 무엇인가?

우리가 자연에서 원인과 결과의 원리를 받아들이고 물리학에서 작용과 반작용의 원리를 받아들인다면, 같은 자연법이 인간에게도 통한다는 사실을 어떻게 의심할 수 있겠는가? 일단 모든 것의 바탕이 의식意識(consciousness)임을 이해한다면, 인간 또한 자연의 질서에 속하지 않느냐는 질문은 당연한 것이다.

'심은 대로 거둔다.' (스스로 속이지 마시오. 하느님은 조롱받으실 분이 아니외다. 사람이 무엇을 심어도 그 심은 것을 거둘 터인즉… ─갈라디아서 6, 7) 이것이 카르마 법칙이다. 당신이 악을 심으면 고통으로 악을 거둘 것이고, 선을 심으면 기쁨으로 선을 거둘 것이다.

카르마를 이해하려면 생각이 물질임을 알아야 한다. 끝까지 분석해보면 우주 자체가 물질이 아닌 의식으로 구성되어 있다. 사람들이 알고 있는 것과는 전혀 다르게, 물질은 생각의 힘에 반응한다. 의지력이 에너지에 지시하면, 에너지가 물질에 작용하는 것이다. 물질이란 사실 에너지다.

모든 행위, 모든 생각은 심은 대로 거둔다.

인간의 고통은 하느님이나 자연이 인간에게 화를 낸다는 표지(sign)가 아니다. 오히려 그것은 신령한 법에 대한 인간의 무지를 보여주는 표지다.

이 법은 언제까지나 정확하게 작동한다.

영혼은 자유다

영혼(soul)은 하느님의 형상으로 '빚어졌다.' 설령 최악의 죄인이라 해도 영원히 정죄당할 수는 없다. 유한한 원인이 무한한 결과를 빚을 순 없는 일이다. 사람이 자유의지를 오용해 스스로 악해질 수는 있지만, 그래도 그 속에는 하느님의 아들이 있다. 왕자가 술에 취하거나 악몽에 빠져 스스로를 가난뱅이로 여길 수는 있지만, 중독 상태에서 벗어나거나 꿈에서 깨어나는 순간 자신의 미몽迷夢을 벗어버린다. 죄 없이 완전한 영혼도 마침내 하느님 안에서 깨어날 때 자신의 영원한 참 본성을 기억해낸다.

인간은 하느님의 형상으로 빚어졌기에 잠시 미몽에 빠져있을 따름이다. 이 잠정적인 미몽 때문에 스스로를 유한한 존재라고 생각하게 된다. 유한한 존재와 자기를 일치시키는 한, 인간은 고통을 겪어야 한다.

자기를 유한한 존재로 보는 영혼의 미몽이 수많은 환생還生으로 확장된다. 그러나 탕자가 스스로 노력을 기울이고 하느님 법의 영감을 받으면 이것과 저것을 분별하게 되고, 하느님 안에 있는 고향집을 기억하며 지혜를 회복한다. 이렇게 깨어나면서 탕자의 영혼은 자신이 하느님의 영원한 형상임을 기억하고 우주 의식과 다시 하나가 된다. 이때 그의 아버지가 영원한 지복과 지혜의 '살진 송아지'로 잔치를 베풀어 그를 영원토록 자유롭게 해주는 것이다.

미몽은 일시적인 것

사람이 얼마동안 자유의지를 잘못 사용해 스스로를 유한한 존재로 여길 수는 있지만, 그 잠정적인 미몽이 자기 안에 있는 완전하고 영원불멸하는 하느님의 형상을 지워버리지는 못한다. 젖먹이가 미처 자라지 못한 채 죽으면 자신의 자유의지를 행사할 기회가 없다. 그러면 자연이 그 영혼을 다시 땅으로 데려와 그렇게 일찍 죽도록 만든 과거의 카르마를 소멸시키고, 나아가 그의 자유의지를 행사해 선한 행실을 이룰 기회를 준다.

영원불멸하는 영혼이 한 생애의 학습으로 자기를 묶은 미몽에서 깨어나지 못하면 자신의 영원불멸함을 깨칠 때까지 여러 번 생을 거듭해야 한다. 그제야 비로소 우주 의식의 상태로 돌아가게 되는 것이다. 그러므로 보통 영혼들은 세속적인 자기 욕망에 사로잡혀 환생을 거듭한다. 반면에 위대한 영혼은 자신의 카르마를 소멸시킬 뿐만 아니라 하느님의 고귀한 자녀로서 길 잃은 사람들에게 하늘 아버지 집으로 가는 길을 보여주려고 이 땅에 다시 온다.

육신의 집에 이끌려

선량한 부모의 두 몸이 하나가 될 때 그들의 척추와 성기性器에서 양성과 음성을 띤 전류電流로 순수한 천상의 빛이 발산되는데, 그 빛이 천계天界(astral world)의 선한 영혼들에게 신호를 보내 정자와 난자가 합쳐지는 순간 몸으로 잉태된다. 그렇게 영혼이 어머니 몸으로 들어오면 태아가 형성되고, 차츰 몸으로 태어날 준비를 갖추기 시작하는 것이다.

좋지 않은 카르마를 지닌 영혼은 좋지 않은 어머니 몸으로 들어가야 한다. 부도덕한 부모의 두 몸이 합쳐질 때는 그들의 척추와 성기에서 어둡고 불결한 빛이 발산되는데, 그것이 악한 카르마를 지닌 영혼을 불러들인다.

비슷한 것이 비슷한 것을 끌어당긴다. 악한 카르마를 지닌 영혼은 악한 가정에 태어나고, 선한 카르마를 지닌 영혼은 선한 가정에 태어난다. 악한 가정과 선한 가정이 자기 내면의 자력磁力으로 영혼을 끌어당긴다. 악한 가정은 악한 영혼을 끌어당기고, 선한 가정은 선한 영혼을 끌어당기는 것이다. 이 끌어당김은 서로 좋아하고 싫어하는 것에 바탕을 둔다. 악한 영혼은 악한 가정과 인척관계고, 선한 영혼은 선한 가정과 인척관계다.

자신의 선한 카르마 덕분에 많은 기회를 얻은 사람은 기회가 적은 사람들을 도와야 한다. 그러지 않으면 악한 카르마를 짓게 되기 때문이다. 이기주의는 영혼의 품위를 떨어뜨릴 뿐 아니라 결국 본인과 세상을 불행하게 만든다.

하느님은 인간을 그의 행실에 따라 심판하는 독재군주가 아니다. 우주의 심판은 인과응보의 카르마 법칙에 근거한 것이고, 따라서 언제나 공정하다.

조화의 신성한 법칙이 자연의 균형을 창조한다. 한 영혼이 이

균형을 거부할 때 그는 자신을 해치는 것이다. 예를 들어, 차가운 물에 손을 넣으면 시원한 감촉을 즐길 수 있다. 반대로 타오르는 불에 손을 넣으면 그 열기에 델 것이다. 불은 당신을 아프게 할 뜻이 없고, 물은 당신을 시원하게 할 뜻이 없다. 불에 손을 덴 것은 거기에 손을 넣은 사람한테 책임이 있다. 시원한 감촉을 즐긴 것도 거기에 손을 넣은 사람한테 책임이 있는 것이다. 불과 물, 열기와 냉기, 이것들은 우리가 조화를 이루며 살아야 하는 우주 법칙에 속한 것들이다.

우리가 우리를 벌주는 것이다

사람이 잘못 살면, 원한이 깊은 자가 남들이 죽으면 가리라 믿는 지옥보다 육체적, 정신적으로 훨씬 더한 지옥을 만들어낼 수 있다. 그러나 사람이 잘 살면 자기가 죽어서 갈 거라고 믿는 천당보다 훨씬 달콤한 곳을 스스로 창조할 수 있다.

미몽에 갇힌 인간들이 모든 것을 무조건 사랑하시는 하느님을 지옥과 연옥을 지은 앙갚음의 신으로 바꿔놓는다. 하느님은 한없는 사랑 안에서 당신의 행복한 나라로 돌아오라고, 사람의 영혼을 끊임없이 부르신다. 그러나 하느님이 주신 자유의지를 잘못 사용한 영혼들이 하느님을 떠나 이리저리 헤매며 고통의 진창에 빠져 스스로를 벌주고 있다.

'영원한 하늘나라'는 진실이다. 그런데 사람들이 생각하는 하늘나라는 크게 제한되어있다. 우리는 하느님의 형상으로 창조된 영혼이다. 그러므로 거듭되는 환생의 기나긴 여정과 물질적인 욕망에서 비롯된 방랑이 끝나면, 방탕한 자녀인 우리를 기다리는 아버지, 그리하여 영원히 지속되고 영원히 새로운 기쁨을 안겨주는 아버지를 언젠가는 만나게 될 것이다. 하느님의 형상으로 창조된 영혼들이 영원한 형벌을 받으리라는 생각은 터무니없다. 그것은 하나의 미신으로 인간의 마음에서 마땅히 지워져야 한다.

선한 카르마

인생은 흥미진진한 영화와 같다. 영화에는 악당이 있게 마련이고 덕분에 우리는 주인공을 사랑하는 법을 배우게 된다. 그러나 당신이 악당의 행실을 본받는다면 그와 같은 벌을 받을 것이다. 그렇다, 인생은 한바탕 꿈이다. 그래도 스스로 물어보라. 왜 악한 카르마를 지어서 악몽을 꾸는가? 선한 카르마로 자신의 꿈을 즐기라. 선한 카르마 덕분에 당신은 때가 되면 꿈에서 깨어나기를 바라게 된다. 반대로 악한 카르마는 당신의 마음을 더 어둡게 하고 꿈속을 계속 헤매게 만든다.

산꼭대기에 서면 온 세상이 내려다보이면서 위로는 푸른 하늘이 펼쳐진다. 높은 곳에서는 저절로 더 높이, 땅에서 멀리 위로 치솟아 오르고 싶어진다. 그러나 산 아래 자욱한 안개 골짜기에서는 기껏해야 한 걸음 더 높은 데로 올라가고 싶어질 뿐이다.

악한 카르마와 지옥불

하늘 아버지는 결코 당신 자녀들이 잠시 땅에 머물면서 저지른 실수 때문에 그들을 영원한 지옥불에 던져버리는 분이 아니다. 인간들이 자기에게 주어진 자유의지를 잘못 사용해 그 결과로 고통을 받거나, 선한 카르마로 그에 어울리는 보상을 받는 것이다.

나쁜 짓을 한 사람이 악한 성향性向(tendency)을 만들면, 그것이 적절한 때에 심한 고통으로 나타날 준비를 하고 뇌腦에 잠재한다. 그렇게 숨어서 고통을 유발하는 성향(또는 지옥불)이 악한 카르마를 지닌 영혼과 함께 천계로 옮겨간다. 죽음 이후의 영혼들은 육신의 감각이 없고 불에 탈 몸도 없다. 그러나 불에 타는 것보다 훨씬 더한 정신적 고통을 받아야 한다.

'지옥(hell, 헬)'이라는 말의 어원은 앵글로색슨의 '헬란(helan, 감추다)'과 그리스의 '헬리오스(helios, 해 또는 불)'다. 따라서 '지옥불(hell-fire)'이야말로 악한 성향이 땅 위와 천계에서 만들어내는 고통의 숨겨진 불을 서술하기에 딱 맞는 말이다. 살인한 사람이 깨어서는 양심의 가책에 괴로워하고 잠든 후에는 잠재의식의 공포에 시달리듯이, 불타는 악에서 생겨난 고통을 죽음의 잠든 상태에서 겪어야 하는 것이다.

인자한 아버지가 자기 형상으로 빚어진 어느 영혼이 잠시 땅에 머물며 저지른 실수 때문에 그를 영원한 지옥의 불구덩이에 던질 수는 없다. '영원한 형벌'이라는 생각은 어불성설이다. 한 인간의 영혼은 영원한 하느님의 형상으로 빚어진 것이다. 백만 년 축적된 죄라 해도 그것이 그의 본질적이고 신성한 성품을 바꿀 수는 없다. 형제가 저지른 악행을 용서하지 못하는 인간들의 분노가 '영원한 지옥불'이라는 말도 안되는 개념을 만든 것이다.

어느 정교회 신자의 지옥불

시애틀Seattle 근교에 사는 노인 한 분을 만난 적이 있다. 그때 나는 바다기슭에서 가없이 넓은 신성함에 안겨있었다. 한참 그러고 있다가 배가 고파서 체리를 좀 사려고 가까이 있는 그의 농장으로 갔다. 장밋빛 뺨을 가진 노인은 무척 행복해보였고 나를 친절하게 대해주었다. 그때 어떤 느낌이 들어서 그에게 물었다. "어르신, 무척 행복해보이시네요. 그런데 무슨 걱정거리가 있나요?" 그가 물었다. "당신 점쟁이요?" 내가 말했다. "아닙니다. 그러나 사람이 어떻게 하면 자기 행운을 불러올 수 있는지, 그건 말할 수 있지요."

그가 말했다. "우린 모두 죄인이오. 주께서 우리 영혼을 꺼지지 않는 지옥의 유황불에 던지실 거요." 내가 되물었다. "사람이 죽으면 몸은 없어지고 보이지 않는 영혼이 될 터인데 어떻게 유황불로 태운단 말입니까?" 그가 어리둥절한 눈으로 나를 쳐다보며 퉁명스럽게 같은 말을 내뱉었다. "우리 모두 지옥 불구덩이에 던져질 거요." 내가 말했다. "하느님한테서 우리를 불태우겠다는 전보라도 받으신 겁니까?" 그러자 노인이 화가 나서 식식거렸다.

나는 그의 속을 가라앉히려고 화제를 돌렸다. "혹시 속 썩이는 아들 때문에 불안하신 겁니까?" 그가 놀란 표정으로, 잘못된 자기 아들을 바로잡을 수 없다고, 아무래도 구제불능 같다고 한숨을 지었다. 커다란 슬픔이 그의 가슴속에서 이글거리고 있는 게 보였다.

내가 말했다. "그 문제를 완전 해결할 방법이 있어요." 노인이 눈을 반짝이며 웃어보였다. 나는 그에게 무슨 비결을 일러주는 것처럼 속삭여 말했다. "이 집에 고기 굽는 오븐 있나요?", "있지요." 그가 궁금한 표정으로 물었다. "그런데 그걸로 뭘 하시려고?"

"걱정 마세요." 내가 다짐하듯이 말했다. "제 말대로만 하시면 어르신의 근심과 걱정이 한꺼번에 사라질 겁니다."

그가 표정을 누그러뜨리며 말했다. "좋소. 계속하시오."

"자, 그러면" 내가 말을 이었다. "오븐을 고온으로 뜨겁게 달구세요. 튼튼한 밧줄과 일을 믿고 맡길 만한 친구가 있나요?" 그가 말했다. "있소." 내가 말했다. "아들을 이리로 부른 다음 친구에게 아들의 온몸을 밧줄로 묶어서 오븐에 던져 넣으라고 하세요."

노인이 펄쩍 뒤로 물러서더니 주먹을 휘두르며 소리쳤다. "당신 제 정신이오? 아무리 못됐기로서니 제 자식을 불구덩이에 던지는 그런 아비가 어디 있단 말이오?"

내가 부드러운 음성으로 말했다. "제 말이 바로 그 말입니다. 인간인 우리가 신성한 하늘 아버지 말고 어디서 사랑의 본능을 물려받았겠어요? 사람조차도 자기 아들을 불구덩이에 던져 넣을 수 없는데, 한없이 큰 사랑의 아버지 하느님이 어떻게 당신 자녀를 유황불에 던지신단 말입니까?" 그러자 노인이 뉘우침으로 눈물을 글썽이며 말했다. "이제야 왜 하늘 아버지가 사랑의 하느님이신지 알겠소!"

우리가 자신의 악행으로 자기를 벌주고 자신의 선행으로 자기를 상주는 것이다.

죄는 사람의 영혼을 바꿔놓지 못한다. 하느님의 형상으로 창조된 우리가 좋지 않은 환경의 정글에서 잠시 길을 잃을 수는 있다. 그러나 아무리 죄가 산더미 같아도 그것이 우리의 신성하고 영원한 본성을 바꿔놓을 수는 없는 일이다. 죄는 하느님의 형상으로 창조된 우리의 완전한 영혼을 잠시 덮어씌운 껍질과 같다. 명상으로 그 껍질이 깨어질 때 우리의 옹근 영혼이 마침내 제 모습을 드러낼 것이다.

우리를 도우시려는 하느님

한 영혼이 자유의지를 잘못 쓰거나 악한 무리에 휩쓸려 이기주의의 숲에서 길을 잃고 헤맬 때, 하느님은 그를 눈여겨보시고 도움을 베풀어 당신의 신령하고 고결한 집으로 돌아오게 하신다. 그가 자기 카르마를 지우고 명상과 지혜로 제 영혼을 해방시킬 수 있는 곳으로 환생하게 도와주신다는 얘기다. 땅 위의 모든 영혼이 하느님의 집안에 속해있고 눈에 보이지 않는 목자가 그들을 항상 돌보고 있다.

제2장

자신의 카르마를 어떻게 마주할 것인가?

How to Face Your Karma?

인생은 게임이다

돌고 도는 지구별에서 번갈아 오고가는 낮과 밤, 사람이 살면서 맛보는 슬픔과 기쁨, 이것들은 다차원의 체스와 같다. 게임의 법칙은 카르마가 정한다. 인과응보의 법칙이 그것이다. 카르마가 '죽음의 어두운 밤'에 먼저 떠난 친구들을 서로 만나게 해준다. 카르마가 영혼들을 다시 천계天界로 돌려보내는 때가 바로 그들이 지상에서 보내는 마지막 순간이다.

체스에서 '잡아먹힌' 짝을 따로 상자에 담아두듯이, 운명의 신이 인생 체스에서 죽은 사람들을 옮겨다가 비밀 상자 또는 저승 휴게실에 담아둔다.

인생의 오르막 내리막을 맑은 정신으로 바라보라. 겉으로 나타나는 모든 것이 게임일 뿐이다. 자신의 승리와 패배를 영화 한 편 보듯이, 한 걸음 떨어져서 보라. 좋은 영화를 보고나면, 그것이 비록 슬프게 끝나는 비극이라 해도 당신은 이렇게 말할 것이다. "참 좋은 이야기네. 많은 걸 배웠어!" 이처럼 살다가 아프고 슬픈 일을 당하거든 그 일을 겪고 나서 자신에게 말해주라. "대단한 경험이었어. 많이 배웠다."

인생이 재미있으려면 다채로워야 한다. 우리를 많이 울리고 많이 웃기는 소설이 좋은 소설이다. 인생을 한 편의 소설 또는 영화라고 생각해보라. 그리고 한 걸음 물러서라. 전체를 아우르는 안

목으로 관망하라. 이야기의 줄거리가 맘에 들지 않는다면, 자신이
내적으로 자유로운 만큼 그 이야기의 줄거리를 바꿀 수 있다는 사
실을 기억하라.

카르마가 다스린다. 그러나 누가 카르마를 작동시키는가? 바
로 우리다. 우리가 하는 것이다.

지난날에 지은 카르마가 어떤 것이든 우리는 그것을 본디 상
태로 돌려놓을 수 있다. 지금 우리에게 필요한 것은 내적 자유에서
비롯된 올바른 결단이다.

사람들은 체스 같은 게임을 즐긴다. 그리고 어찌 됐든 승패를
받아들인다. 같은 정신으로 인생을 즐기자. 그것이 우리에게 승리
를 안겨주든 패배를 안겨주든, 조용히 그리고 감사하면서 살자. 이
런 마음으로 친구들과의 재회를 즐기자. 그들이 얼마나 많은 생을
살았는지 누가 아는가? 그리고 죽음으로 다시 헤어지는 것도 묵
묵히 받아들이자.

인생은 게임이다. 사는 동안 이런저런 재미를 만끽하자. 그러
나 어떤 것도 붙잡지 말라. 그 무엇으로도 자신의 내면을 어지럽히
지 말라. 무엇이 어떻게 되었든, 진짜로 그러한 일은 없다는 사실
을 기억하라. 체스에서 이겨 과도하게 흥분한 나머지 심장마비로
죽는, 그런 사람은 되지 말자.

사랑하는 이를 먼저 보내거나 몸이 늙어서 속절없이 시들어
가는 암담한 때에도 기뻐하는 태도를 잃지 말라. 체스판은 검은 바

탕과 흰 바탕이 서로 엇갈려있다. 마찬가지로 인생의 모든 어둠이 밝음에, 슬픔이 기쁨에, 실패가 성공에 잇닿아있다. 변화와 갈등은 불가피한 것들이고, 그 때문에 위대한 게임이 가능해진다. 그것들을 초연히 바라보자. 결코 그것들이 자기 안의 참자아를 더럽히게 놔두지 말라.

자신의 카르마는 자신의 책임이다

사람 영혼의 선악은 미리 정해진 것이 아니다. 악덕이나 미덕이 선천적인 것처럼 보인다 해도, 한 인간의 성품은 이생이나 전생에서 자신이 만들어놓은 것이다. 저마다 자기 선택에 따른 결과들이다.

자기 허물을 합리화하려고 "내가 나쁜 놈인 것은 오로지 내 카르마가 그렇게 만들었기 때문이다." 또는 "사탄이 나를 등 떠밀었다. 그 탓이지 내 탓이 아니다."라고 말하는 것은 구차한 변명이다. 불행하게도 많은 사람이 이렇게 주장하고 있다. 그들은 과거 경험의 거대한 창고 어딘가에 근사한 핑계거리가 있기를 바란다. 내 선택도 아니고 내 뜻에 반反해 저질러진 죄라서 오랫동안 잊었던 거라고, 또는 희생자가 될 수밖에 없었던 강력한 영향력 같은 게 있었다고.

오늘날은 정신분석학의 발달로 자기 문제를 남의 탓으로 떠넘기는 일이 유행하고 있다. 부모나 교사 또는 사회의 학대와 무관심이 자기를 이렇게 만들었다는 식이다. 그러면서 스스로 성숙해야 할 책임을 회피한다.

어려움이 닥쳤을 때 속수무책이었다고 말하는 것은 에고의 핑계일 뿐이다. 우리가 지닌 문제의 깊은 뿌리는 겉으로 드러나지 않는 잠재의식에 박혀있다. 우리가 지난날에 저지른 잘못된 행실로 그 뿌리를 내린 것이다. 누가 자신에게 못된 짓을 하면 우리는 '그 사람이 나를 해쳤다'고 주장한다. 자기 스스로 그 일을 불렀다고는 결코 생각하지 않는다. 그러나 실은 우리가 그렇게 한 것이다. 자기 카르마의 자력磁力으로 그런 해코지 또는 억울한 일을 불러들인 것이다.

살면서 겪는 모든 상황, 모든 인물, 모든 습관이, 아무리 그렇지 않다고 우겨도 알고 보면 우리 스스로 최근에 또는 먼 과거에 빚어놓은 것들이다. 모두가 하느님이 우리에게 주신 자유의지를 어떻게 썼는지에 따른 결과물이다.

그분은 우리에게 당신께로 돌아오든지, 아니면 감각의 쾌락을 얻으려 허무한 길로 달려가든지 어느 쪽이든 맘대로 선택할 자유를 주셨다. 생명의 근원인 그분한테서만 온갖 힘과 선善이 흘러나온다. 우리가 자기 안에 있는 신성한 근원(Divine Source)을 떠나 계속 바깥으로 힘을 흘려보낸다면 그 힘은 사막의 불모지로 흘러

갈 것이다. 물질 의식(matter-consciousness)의 황량한 사막에 흡수되어 이내 사라질 것이다.

   자신에게 닥치는 나쁜 일을 누구의 탓으로도 돌리지 말라. 어떤 불행을 만나든 스스로 삶에 대한 책임을 지라. 자신의 본성에 숨어있는 좋지 않은 성향을 없애겠다는 굳은 의지로 최선을 다하라.

   무엇보다도, 하느님께 돌아가라.

   온전한 자기 솔직성과 역동적인 자기 노력으로만 악마가 당신 내면에 숨겨둔 미망迷妄의 영향을 영원히 소멸할 수 있을 것이다. 그것들을 불러들인 것은 자기 자신임을, 자신의 생각과 행동이라는 사실을 기억하라. 오늘부터 당장 자기 안에 있는 신령한 지혜의 안내를 받으라.

카르마의 도전을 어떻게 할 것인가?

   살면서 겉으로 드러난 현상 뒤에 숨어있는 원인을 눈여겨보는 사람이 참으로 드물다. 그래서 자기가 왜 고통을 겪고 있는지 그 이유를 이해하지 못한다. 고통 자체가 마음에 두터운 휘장을 드리워 근본 원인들이 보이지 않게 만드는 것이다.

   오직 더 높은 의식意識과의 깊고 내밀한 교제를 통해서만, 정신과 육체의 모든 결합이 잘못된 과거 행실의 결과라는 사실을 알게 된다. 현명한 사람은 온갖 불상사의 정확한 원인을 분명하게 인지한다. 그리하여 인간의 삶에 영향을 미치는 근본 원인을 제거할 행동을 처방할 수 있게 된다.

어떤 이유로든 좋지 않은 환경에서 태어난 사람은 자기 연민의 수렁 속으로 빠지려는 유혹에 철저히 저항해야 한다. 자신을 불쌍히 여기는 것은 어려움을 극복할 내면의 힘을 약하게 만드는 짓이다. 그러지 말고 단호히 말하라. "장애물은 없다. 오직 기회가 있을 뿐!"

아무도, 자기 자신조차도 비난하지 말라. 비난과 책망으로는 이미 일어난 일을 지울 수 없다. 오히려 스스로 통제할 수 없는 환경에 더욱 의존하게 될 뿐이다.

내면의 침묵 속에서 하느님을 찾으라. 자기 앞에 있는 것과 화해하고 그와 관련해 할 수 있는 일을 하라. 당신은 모든 카르마를 다시 만들 수 있고, 당장 오늘부터 영혼 의식(soul-consciousness)으로 새롭게 살 준비를 갖출 수 있다. 에고의 명령에 불복하라. 그것들은 영원한 미몽에 뿌리를 내린 것들이다.

하느님께 가까이 갈수록 그만큼 분명하게 그분이 신성한 사랑이심을, 가까운 중에 더없이 가까운 분이요 자애로운 중에 더없이 자애로운 분이심을 알게 될 것이다.

내적인 삶을 통해 카르마에서 해방된다

대부분 사람들이 자기 안에 있는 더 높은 지혜의 안내를 받으려 하지 않는다. 오히려 자기가 과거에 만들어놓은 습관이 시키는 대로 산다. 그 결과 그들의 삶은 운동선수의 손길에 따라 움직이는 공과 같다. 농구장에서 공은 선수가 던지는 곳으로 날아갈 따름이다. 마찬가지로 사람이 습관에 따라 살면 지난날의 행위로 만들어진 카르마가 이끄는 대로 사는 수밖에 없다.

대부분 사람들이, 밖에서 생겨난 것처럼 보이지만 실은 자기 안에 근본 원인이 있는 환경과 조건의 노예로 살아간다. 습관이 그들을 통제한다. 자신이 만들었지만 일단 습관으로 굳어지면 그것은 스스로 생명력을 얻게 된다.

과거의 행위로 형성된 습관들이 현재 자신의 행동과 마음가짐, 동료들과 주변 환경, 그리고 좋든 나쁘든 간에 자신의 '운명'이라는 것에 영향을 미친다는 사실을 고려하는 사람이 참 드물다. 그것들이 본인의 잠재의식 깊은 데서 솟아나와 현재 자기 태도와 행동에 소리 없이 미치는 영향을 모른다. 어떤 사람들—특히 서양인들—은 자신에게 자유의지가 있다고 믿는다. 또 다른 사람들—대부분 동양인들—은 모든 것이 정해진 운명이고 거기서 벗어날 길이 없다고 생각한다.

그러나 벗어나는 길이 있다! 에고의 무한 욕구를 충족시켜주는 것이 자유인 줄 아는 잘못된 인식을 포기하는 것이다. 카르마의 왕국에서는 카르마가 왕이다. 그러나 인간에게는 카르마 법칙 너머에 있는 무한 지혜와 손잡고 전혀 다른 왕국으로 옮겨갈 능력이 있다. 자기 안에 있는 하느님과 그분의 인도를 받아 살든지, 아니면 계속해서 에고의 욕망이 이끄는 대로 살든지, 어느 쪽이든 스스로 선택할 엄청난 자유가 우리에게 있기 때문이다.

자기 안에 있는 무한 지혜의 인도를 받을수록 우리는 인생 게임에서 외부 상황을 통제할 수 있다. 자신의 중심에서 이른바 초超의식(super-consciousness)으로 살 때, 비로소 우리는 유일하게 존재하는 참 자유를 행사할 수 있다. 영혼 의식 안에서 살게 되면 더 이상 자기 습관과 욕망의 지배를 받지 않는다. 영혼 의식이 성장하는 만큼 카르마의 종살이에서 스스로 해방되는 것이다.

카르마의 명령을 운명론적으로 받아들이는 대신에 자유로 가는 내면의 길을 걸으라. 날마다 명상하라. 하느님과 깊이 소통하라. 직관直觀의 소리 없는 음성을 통해, 영혼의 품위를 낮추어 자기 습관에 지배당하는 종살이로부터 해방되는 길을 그분한테서 배우라.

습관 때문에 얼마나 오랫동안, 그 오랜 비극의 세월 동안 자신의 미래를 두려워해왔던가! 사는 동안 예상하지 못했던 불운이나 행운으로 혼란스러워지거든, 인생의 끝없는 퍼즐을 풀어줄 유일한 황금 열쇠를 찾으라. 깊은 명상 속에서 이루어지는 영원히 자유

롭고 한없는 영(Infinite Spirit)과의 교제를 통해 참 지혜와 손잡는
것이 그 열쇠다.

에고를 초월하기

　　카르마의 예외 없는 법칙은 사람들이 감각을 통해서 바깥일
에 기계적으로 반응할 때만 그들의 운명을 지배한다는 것이다. 그
런 사람들은 에고 의식에서 도덕적 판단을 내린다. 성경공부도 중
심을 에고 의식에 둔다. 자기 연민의 눈물도 에고 의식에서 흘린
다. 에고 의식이 문제다. 그것이 마음을 지배하는 만큼 카르마가
그의 인생을 움켜잡는다.

　　그러나 우주의 법칙은 무분별한 폭군이 아니다. 위축되고 대
책 없는 사람을 매정하게 심판하지 않는다. 신성한 법이 내리는 모
든 판결이 옳고 바르다. 그것이 인간 본성의 더 깊은 차원에서 솟
아나와 우리가 저지른 행동들에 배당된다. 사람이 자기 행동의 결
과를 거두는 것이야말로 이치에 맞는 일 아닌가?

　　그러나 일단 에고가 영혼 의식의 차원으로 초월해 넘어가면
카르마 법칙이 다스리는 왕국도 함께 넘어간다. 영혼은 본디 순수
한 상태로 영원히 남는다. 카르마 법칙이 오직 에고에만 적용되기
때문이다. '나'와 '내 것'이라는 착각에 의식을 집중시키는 에고의

소용돌이가 더 이상 남아있지 않을 때, 그때 카르마 법칙은 사라진다. 참자아를 깨친 영혼이 마침내 카르마 법칙의 사슬에서 해방된 것이다. 그리하여 위대한 성자들의 선행이 온 인류에 대한 축복으로 빛 물결처럼 퍼져나간다.

제3장

카르마로부터의 해방

Freedom from Karma

카르마를 넘어서

　옛날에 막강한 권력을 지닌 왕이 술을 마셨다. 그가 평민으로 변장하고 왕실 소속 선술집에 들어갔다가 웬 사람과 다툼이 벌어져 그의 다리를 부러뜨렸다. 선술집 주인이 그를 붙잡아 왕이 임명한 판사에게 데려갔다. 판사가 판결을 내리려고 할 때 왕이 평민 복장을 벗어 던지며 소리쳤다. "내가 너를 그 자리에 앉혔다. 나야말로 너를 감옥에 보낼 수 있는 왕인데, 감히 네가 나를 감옥으로 보내겠다는 것이냐?"

　이처럼 완전한 영혼이 몸을 입고 사는 동안 악한 짓을 할 수 있고, 그 결과 재판을 받아서, 또는 카르마 법칙에 따라서 그에 합당한 벌을 받을 수 있다. 그러나 그 영혼이 카르마 법칙을 제정한 하느님의 의식에 합일되면 판사한테 벌을 받을 수 없는 것이다.

　사람이 하느님에 합일되면 카르마 법칙에서 벗어날 수 있다. 일단 그렇게 되면 자기한테 잘못한 형제를 용서하는 게 마땅하다. 명상을 통해 자기 카르마로부터 벗어난 영혼이 자기한테 잘못한 형제를 용서하지 않으면 다시 인간의 삶으로 돌아가 제한된 카르마 법칙의 다스림을 받아야 한다. 그러므로 모든 영혼이 하느님처럼, 끝없는 용서와 사랑으로 신성한 상태에 머물러야 한다.

　판사는 법에 따라 소년 범죄자를 교화소로 보낼 수 있다. 그러나 소년이 잘못을 뉘우치고 앞으로 잘 살겠다고 약속하면 그를 용서하고 풀어줄 수도 있다. 이와 같이, 악한 짓을 한 사람은 카르마 법칙에 따라 제가 뿌린 씨의 열매를 스스로 거두어야 한다. 그러나 그가 깊은 명상과 간절한 기도로 하느님께 호소하면 카르마 법칙을 제정하신 하느님이 그의 형벌을 사면赦免해줄 수 있는 것이다.

위대한 영혼들의 의식意識

대부분 영혼들이 세상에 태어나서 자기 운명을 의식적으로 다스리지 못한다. 그저 자신의 어떤 욕망이 자기를 이리로 데려왔다고 희미하게 짐작할 뿐이다. 그 어슴푸레한 알아차림을 넘어 자기 인생의 목적이나 방향을 제대로 알지는 못한다.

성숙한 영혼들은 그렇지 않다. 그들은 자기가 왜 세상에 왔으며 이 땅에서 할 일이 무엇인지를 안다. 하느님 뜻에 자기 뜻을 조율시키고, 내면의 영혼 안내자와 함께, 자기 자신의 삶과 다른 이들의 삶을 '무한하신 분' 안에서 계속 확장되는 자유 쪽으로 향하게 한다.

명상 속에서 갈수록 새로워지는 기쁨에 가닿는 법을 배우는 사람들 또한 무딘 물질 의식 위로 올라가 신성한 영(the Spirit)의 자유로 들어간다.

영혼이 더 높은 안내자를 향해 선명히 깨어있을수록 카르마의 독재로부터 자유로워진다. 하느님 뜻에 완전히 굴복하는 것은 결코 수동태가 아니다. 하느님께 자기를 조율하려면 대단한 의지력과 집중력이 있어야 한다. 하느님께 굴복함으로써 인간의 영혼은 경계 없는 빛의 공간처럼 모든 곳에 편재할 때까지 제 의식을 확장시킨다. 이 복된 영혼의 자기 확장이 마침내 자신은 물론 다른 모든 사물들까지 통제하게 되는 것이다.

크리야 요가와 카르마로부터의 해방

"크리야 요가Kriya Yoga는 인간의 진화를 빠르게 촉진하는 한 가지 방편이다." 스리 유크테스와르Sri Yukteswar가 제자들에게 자주 한 말이다.

크리야 요가에 통달한 요기는 지난날 자기 행동의 결과에 영향 받지 않고 오직 영혼의 인도를 받으며 살아간다. 그러므로 경건한 수련자들은 독수리 눈앞의 뱀처럼 보이는 더디고 성가신 에고의 진화 과정을 밟으려 하지 않는다.

경박한 에고를 자신과 동일시하는 사람은 생각하고 뜻하고 느끼고 끼니를 챙기면서 하루하루 연명하는 것을 당연시하면서, 자신이 과거의 행동(카르마)과 본능과 환경의 꼭두각시일 뿐이라는 사실에 대해 조금도 성찰하거나 인정하지 않는다. 그리하여 사람들의 반응, 느낌, 기분, 습관은 이번 생이나 전생에 자기가 지은 행동의 결과로부터 벗어나지 못한다. 그러나 인과응보의 법칙을 훨씬 뛰어넘는 곳에 당당하고 고귀한 그의 영혼이 있다.

성숙한 요기는 자기 마음과 뜻과 느낌을 육체적 욕망의 그릇된 충족이 아닌 척추에 있는 초超의식의 힘에 합일시킨다. 그래서 과거로부터 오는 충동이나 육체적 동기動機들의 어리석음에 휘둘리지 않는다. 이런 요기가 자신의 '위없이 높은 욕망'으로 충만해 영원히 소멸되지 않는 복된 영혼의 최후 피난처에 안전하게 머무는 것이다.

다른 사람의 카르마를 짊어지는 스승들

스리 유크테스와르는 카시미르Kashmir에서 심각한 열병을 앓으면서 그 불로 제자들의 죄를 태워 없애주었다. 수준 높은 요기들은 사람의 질병을 물리적으로 변형시키는 형이상학적 방법을 알고 있다. 힘센 사람은 약한 사람의 짐을 옮겨주어 그를 도울 수 있다. 영적인 초인超人도 제자들의 카르마를 짊어져 그들의 정신과 육체의 짐을 덜어줄 수 있다. 방탕한 자식의 빚을 대신 갚아주고 아들을 질긴 족쇄에서 벗어나게 해주는 부유한 아버지처럼, 스승도 기꺼이 자기 일부를 희생해 제자들의 고통을 덜어줄 수 있다는 말이다.

비밀스러운 방법으로 요기가 자신의 마음과 영혼을 병든 제자의 마음과 영혼에 일치시키면, 그 병의 일부 또는 전부가 스승의 몸으로 옮겨간다. 스승은 본인의 육체로 하느님을 모시고 살아간다. 따라서 자기 신상에 일어나는 일들을 더 이상 염려하지 않는다. 누군가를 살리려고 어떤 병이 자기 몸에 들어오는 것을 허락하더라도 마음은 결코 괴롭지 않다. 오히려 그렇게 해서 누군가를 도울 수 있으니 행운이라고 생각한다.

하느님 안에서 마지막 구원을 성취한 스승은 자기 몸에서 인생의 목적이 완벽하게 이루어진 것을 발견하고 제 몸을 적절한 방식으로 쓸 수 있다. 그가 세상에서 하는 일은 정신적으로, 육체적으로, 또는 강한 의지력으로 질병을 치유해 인간의 슬픔을 덜어주는 것이다.

그는 원할 때마다 초超의식으로 들어가 고통이 느껴지지 않는 상태에 머물 수 있지만, 때로는 제자들에게 본을 보이려고 육신의 통증을 묵묵히 견디기도 한다. 다른 사람들의 병을 짊어지는 것으로 요기는 그들이 지은 인과응보의 카르마 법칙을 갚아준다. 이 법은 기계적으로 또는 수학적으로 작용하기 때문에 신성한 지혜를 품은 사람이 과학적으로 그 효력을 발휘할 수 있다.

그렇다고 스승이 사람들을 고쳐줄 때마다 반드시 병을 앓아야 하는 건 아니다. 성자들은 자기를 해치지 않고서 병을 고치는 다양한 방법을 알고 있다. 그렇기 때문에 언제 어디서나 그들을 통해 치유가 이루어지는 것이다. 그러나 제자들의 성장을 빠르게 촉진하려고 그들의 좋지 않은 카르마가 진 빚을 자기 몸으로 갚아주는 경우도 드물게 있다.

예수는 자원해서 많은 사람의 죗값을 갚아준 사람이다. 그가 기꺼이 인과응보의 미묘한 법칙을 받아들이지 않았더라면 신성한 힘을 발휘했을 것이고, 십자가에 달려 죽지는 않았을 것이다. 그런데 그는 다른 사람들, 특히 당신 제자들의 카르마가 빚어낸 결과를 스스로 짊어졌고, 덕분에 그들은 깊이 정화되어 추후에 없는 곳 없는 초超의식을 위로부터 내려 받을 자격을 갖출 수 있었다.

상당한 수준에 오른 스승만이 자기 생명의 기운을 남에게 옮겨주거나 남들의 병을 자기 몸 안으로 옮겨올 수 있다. 일반인은 그런 치료법을 쓸 수 없을뿐더러 그것이 바람직하지도 않다. 건전하지 못한 물리적 수단은 오히려 하느님을 명상하는 데 걸림돌로 작용할 수 있기 때문이다. 힌두교 경전들은 인간의 첫째 임무가 자기 몸을 건강한 상태로 유지하는 것이라고 가르친다. 그렇지 않으면 명상에 온전히 집중할 수 없기 때문이다.

명상의 중요성

누가 자기 잘못의 결과에서 벗어나고 싶지 않겠는가? 그러나 해방되려면 반드시 필요한 일을 기꺼이 하는 사람이 참 드물다. 변론이 우리를 정의로운 심판의 맷돌에서 자유롭게 해주는 것은 아니다. 우주의 법칙은 빈틈없이, 꼼꼼하게, 수학적으로 작용한다. 그 판결을 피하는 길은 신성한 의식 안에 사는 것이다. 자유는 유창한 언어로 기도한다고 얻을 수 있는 것이 아니다. '모든 것을 사랑하는 내적 고요(all-loving Inner Silence)'에 자기를 깊이 조율시켜 얻게 되는 것이다.

아무리 직장이나 일상생활이 바쁘더라도 우리는 하느님께 자기를 조율할 수 있도록 내적으로 고요해지려 노력해야 한다. 말없는 경건함으로 신성한 사랑과 지혜에 더 깊이 깨어있을 수 있다. 신성神性(the Divine)은 법 위에 있다. 우리는 지금 하고 있는 일에서 우리를 통해 일하시는 하느님의 '모든 것을 창조하는 지성(all-creative Intelligence)'을 느낄 수 있다. 하느님께 가까이 갈수록 우리가 그분의 법에 위배되는 일이 적어질 것이다.

다른 무엇보다 중요한 우리의 '비즈니스(business)'는 하느님과 함께 하는 일에 '바쁜(busy)' 것이다. 무엇보다 큰 우리의 임무는 삶의 첫 자리에 그분을 모시는 것이다. 그분에게서 나오는 지성이 없으면 인간은 이 땅에서 어떤 사업도 임무도 감당할 수 없다.

날마다 하느님과 만나는 약속을 지키는 것이 하루 일과의 가장 중요한 초점이 되게 하라. 하루에 두 번, 내면의 침묵에 잠기라. 새벽 제단에서 하느님을 예배하라. 하루를 마감하면서 밤의 신전神殿에 고요히 앉아 어둠 속에서 번잡한 일상사를 벗어나라.

죽음과 환생還生의 단조로운 반복에 대해 깊이 묵상하라. 아직 몸으로 살고 있을 때, 지난날 자기 카르마의 씨앗들을 소멸시키는 데 힘쓰라. 불로 익힌 씨는 싹틔우지 못한다는 사실을 기억하라. 깊은 명상 속에서 자기 카르마의 씨앗들을 지혜의 불로 익힌 사람은 두 번 다시 이 땅에 태어나지 않는다.

제4장

죽음과 부활

Death and Resurrection

죽을 때 무슨 일이 일어나는가?

보통 사람은 죽음이 다가올 때 대체로 몸이 마비되는 것을 느낀다. 발이 마비되면 그게 자기 발인 줄 알면서도 마음대로 움직일 수 없다. 마찬가지로 대부분 사람들은 죽음에 임박해 온몸이 마비되거나, 아니면 신경과 근육 그리고 심장, 폐, 횡격막을 포함한 내장기관들이 점차 마비되는 것을 느낀다.

죽어가는 사람은 처음에 손발과 근육의 감각이 둔해지는 것을 안다. 심장이 답답해지면서 숨이 막혀온다. 심장이 없으면 폐가 기능하지 못하기 때문이다. 숨이 막히는 것을 느낌과 동시에 2~3초쯤 심한 통증으로 괴로워하다가 곧장 죽음에 대한 공포에 사로잡힌다.

그 이유는 사람의 영혼이 여러 번 환생을 거듭하면서 낡은 몸으로부터 어린아이 몸으로 건너가는 경험을 피할 수 없는데, 그때마다 숨이 막혔던 것이 기억나기 때문이다. 바로 그 고통에 대한 기억이 죽음을 무서워하게 만드는 것이다.

죽어가는 사람의 육체적 심리적 상태

보통 사람은 죽으면서 다음과 같은 느낌을 받는다.

1) 손발, 근육, 심장, 폐 그리고 횡격막이 차츰 둔해진다.

2) 손발과 근육의 둔함이 확장되고 슬픔, 무기력, 살고자하는

욕망이 마음속에 들어온다.

3) 둔한 감각이 심장에까지 미치면서 통증과 질식으로 죽음에 대한 공포가 생긴다.

4) 질식으로 통증을 느낌과 동시에 숨을 다시 회복하려는 내면의 사투가 벌어진다. 이때, 자기가 평생 지은 선한 행동과 악한 행동들이 함축된 파노라마로 펼쳐진다. 이 정신적 자기반성에서, 다음 생에 어떤 모습으로 태어날 것인지를 결정짓는 성향이 만들어진다.

5) 촉각觸覺, 미각味覺, 후각嗅覺, 시각視覺, 청각聽覺이 차례로 사라진다. 사람의 의식을 마지막으로 떠나는 감각이 청각이다. 죽어가는 사람에게 들리는 자리에서 "다 끝났어. 곧 죽을 거야."라고 말하는 일이 현명하지 못한 까닭이 여기에 있다.

남매인 두 제자가 함께 경험한 일이다. 누이가 방에서 남동생과 의사들이 지켜보는 가운데 마지막 숨을 거두고 있었다. 동생이 잠시 방을 나간 사이에 의사들이 말했다. "다 끝났군. 맥박이 멈췄어." 그러자 그녀의 몸에 경련이 일었고 이내 숨이 멎었다. 그때 동생이 방으로 들어와서는 사람들을 밖으로 내보내고 누이를 부르며 소리쳤다. "누나, 선생님이 그러셨어. 누나가 살아날 거라고. 정신 차려!"

얼마 후 그녀의 맥이 돌아왔고, 다시 숨을 쉬더니 일어나

앉아서 자기가 겪은 일을 말하기 시작했다. "온몸이 마비되었어요. 그래도 동생이 밖으로 나가는 소리는 들었지요. 몸속에 생기를 모아보려고 애쓰는데 의사들이 '다 끝났다'고 하더군요. 그 말을 듣자 살겠다는 의욕이 사라지면서 근육과 내장기관들이 무기력해지고 머리에 번갯불 같은 것이 번쩍이다가 이내 사방이 캄캄해졌어요. 바로 그때 동생이 돌아오는 소리가 들렸고, 걔가 나를 깨우며 정신 차리라고 소리치자 살겠다는 의욕이 되살아난 겁니다."

죽어가는 사람이 마지막으로 하는 생각은 평소 습관을 따르게 마련인데, 그것을 죽음에 대한 두려움으로 무겁게 짓누르는 것은 결코 바람직한 일이 아니다. 죽어가는 사람에게는 어떤 말도 하지 말거나 혹시 그가 용감한 사람이어서 죽기를 원한다면 이렇게 속삭여주라. "괴로운 인생의 현관을 나서 영원한 행복의 나라로 들어가세요."

6) 보통 사람은 질식을 경험하고 나서 몸이 가벼워지고 호흡과 통증이 함께 사라지는 것을 스스로 알게 된다.

7) 그런 다음, 죽은 사람의 영혼은 평소에 깊은 잠을 잘 때보다 훨씬 깊고 즐거운 수면 상태로 들어간다.

8) 지극히 평안하고 어두운 터널을 지나 위로 솟구쳐 오르는 느낌을 경험한다.

9) 간혹 목을 매달리거나 전기의자에 앉거나 총에 맞거나 사

고를 당해 갑작스럽게 죽을 때는 아무런 육신의 통증도 경
험하지 않는다.

죽음의 고통은 순전히 정신적인 것인데, 그때 더 이상 자기
몸으로 숨을 쉬거나 다시 살 수 없다는 사실을 깨닫는다.
죽으면서 느끼는 질식과 통증이 한동안 그를 괴롭히지만
얼마쯤 뒤에 몸을 완전히 떠나온 것을 영혼이 깨치면 다시
안정을 회복한다. 선한 사람이 갑작스럽게 살해당하면 죽
음에 수반되는 정신적 괴로움을 거의 겪지 않는다.

죽음 뒤에 벌어지는 일들의 바탕이 되는 영체

비록 물리적인 몸(육신)이 하느님의 꿈이긴 하지만 에고가 그
것을 다스리는 동안은 여전히 실재하는 것처럼 보인다. 마찬가지
로 죽은 뒤에도 천계天界의 몸(astral body)이 실재하는 것처럼 보이
면서 에고를 위한 제반 작용의 바탕이 된다. 육신이 꿈을 꿀 수 있
듯이 천계의 몸도 육신이 죽은 후에 저 스스로 꿈을 만들 수 있다.

성자들과 명상 기법에 통달한 사람들은 심장의 맥박이 느려
지거나 멈추었을 때도 의식을 유지할 수 있다. 뿐만 아니라 죽음의
잠에 빠져든 상태에서도 의식이 깨어있을 수 있다. 우리가 깊은 잠
을 즐기거나 의식이 반쯤 깨어있는 상태로 아름다운 꿈속의 일을
지켜보듯이, 천계의 몸도 자기가 죽은 줄 알면서 경험하는 온갖 일
을 깨어서, 또는 반쯤 깨어서 지켜본다.

천계天界의 기후

천계의 우주(astral cosmos)는 지구별보다 하느님의 뜻과 그분의 옹근 계획에 더욱 저절로 일치한다. 천계의 모든 것들이 전체로는 하느님의 뜻에 따라서, 부분으로는 천계의 거주민들 뜻에 따라서 저마다 모습을 드러낸다. 그들한테는 진작 하느님이 창조하신 것들을 수정하거나 보완할 능력이 있다.

천계의 땅은 무척 아름다운 정원처럼 보인다. 여기서 영혼들은 덥거나 추운 천계의 날씨를 경험하면서, 현대인들이 보일러나 에어컨으로 실내온도를 조절하듯 의지의 힘으로 날씨를 통제할 수 있다.

천계에도 겨울과 봄, 우기雨期와 여름이 있다. 천계의 겨울은 서늘하지만 춥지 않고 양털 같은 흰 구름과 빗줄기와 밝은 햇살이 있다. 대개는 풍경을 꾸미려는 것이지만, 천계의 주민들이 신청하면 눈이 내린다. 그 눈이 천계 주민들 뜻에 따라 기후를 바꿔놓는다.

천계의 봄과 여름엔 투명한 얼음처럼 황금색으로 물든 토양 위에 웃음 짓는 온갖 꽃들이 가득 피어있다. 그 꽃들은 천계 정원사의 손끝에서 온갖 다채로운 색깔로 피고 진다. 그러나 꽃은 결코 죽지 않는다. 다만 더 이상 필요하지 않을 때 사라지거나 모양을 바꿀 따름이다.

천계의 우기에는 황금색 토양 위에 비가 내리면서 끝없이 다양한 음악이 우주공간으로 퍼져나간다. 내리는 빗줄기가 꽃들의 모양을 만들어주면 반짝이는 데이지와 화사한 장미가 피어나고 천계의 땅을 꽃비로 적셔준다. 천계에 비가 내리는 동안 꽃 모양의 빛 웅덩이들이 거리 곳곳을 눈부시게 장식한다.

천계의 주택들

천계에는 수많은 저택들이 있고 다채로운 색깔로 빛나는 진동振動의 구球(sphere)들이 있다. 인간의 도시에 부자 마을과 빈민굴 같은 이웃들이 있듯이 천계에도 다양한 주거지가 있다. 천계의 주택은 농축된 원자들로 이루어진 벽돌로 짓는다.

성자들은 천계의 품위 있는 구역에 산다. 보통 영혼들은 죽거나 질식 상태로 얼어있지만 성자들은 극히 춥거나 극히 더운 곳에서도 자기磁氣의 방해 없이 살 수 있다. 사악한 영혼들은 천계의 빈민굴에 사는데 복된 귀족들의 품위 있는 구역으로 들어가지는 못한다.

천계에서의 환생還生

여기와 마찬가지로 천계에도 태어남과 죽음과 환생이 있다. 단, 천계에서는 수명壽命이 무척 길고, 성숙한 영혼은 죽음이나 변화를 강요당하지 않는다. 사악한 영혼들은 예외다.

성숙한 영혼이 지상地上에서의 삶을 기억하고 그리워할 때는 다시 돌아가 물질세계에서 삶과 죽음을 경험할 수 있다. 천계에서의 죽음은 아프지도 무섭지도 않다.

천계의 질병과 범죄

천계의 질병은 대부분 정서적 불편이나 결함 또는 영양실조로 발생한다. 이런 질병은 천계 주민들의 '힘 있는 생각'으로 쉽게 치료할 수 있다.

천계의 범죄는 무지無知와 저만의 행복을 추구하는 것으로 이루어진다. 누구를 심판하고 벌주는 판사가 따로 없다. 잘못한 영혼들이 엄한 수련생활을 자임自任하는 것으로 자기 자신에게 벌을 준다.

어떻게 죽은 사람들과 접촉할 것인가?

허공(ether)에서 헤매는 뜨내기 영혼들과의 접촉을 시도하지 말라. 정처 없는 나그네들이 빈집이나 잠그지 않은 자동차를 차지해 못쓰게 만들듯, 뜨내기 영혼들도 허망한 마음을 채워보려고 영들(spirits)을 자극하는 경박하고 얼빠진 사람 속에 들어갈 수 있다. 이 뜨내기 영혼들은 사람의 두뇌를 점령해 망가뜨리기도 한다. 자기 마음을 챙기지 못하고 다른 것들에 잘 내어주는 사람이 정신을 잃고 미쳐버리는 까닭이 여기에 있다.

오직 과거에 당신을 사랑했고 지금도 당신을 사랑하는 진실한 영혼들만 초대해야 한다. 당신은 선한 영혼들한테서 도움 받아야 하고, 당신 또한 그들을 도울 수 있다.

선한 영혼들 초대하는 법

눈을 감거나 뜨고서 영안靈眼(spiritual eye)으로 연푸른 바탕에 황금빛 후광으로 감싸인 은백색 별이 보일 때까지 참을성 있게, 깊이 마음을 모으라. 진심으로 원한다면 이 상태를 항상 유지해야 한다. 그런 다음, 만나고 싶은 영혼을 그려보면서 그 모습이 나타날 때까지 계속 초대하라. 끈기와 간절한 마음이 있다면 마치 영화 속 장면처럼 그의 모습을 보고 이야기도 나누게 될 것이다. 더 깊은 명상으로 들어가면 그의 모습을 육안으로도 볼 수 있다.

예수 같은 영혼이 당신의 초대에 응해준다면 자기 모습을 보여줄 뿐 아니라 자기 몸을 거칠게 진동시켜 직접 그를 만지고 그의 말을 듣게 해줄 수도 있다.

악한 영혼들은 강력한 전류로 보호받는 영안의 영역을 침범할 수 없다. 당신을 도울 수 있는 선한 영혼들만이 자신을 영안으로 볼 수 있게 해준다.

악한 영들 물리치는 법

누가 악한 영에 사로잡혔거든 오른손 집게손가락을 그의 이마에, 왼손 집게손가락을 그의 연수延髓에 대고 동시에 누르라. 그리고 영안으로 그를 바라보며 말하라. "내가 천계의 빛으로 너를 누르고 있다. 명하노니 그에게서 나오라."

자신이 악한 영에 시달리거든 잠들기 전 베개에다 손가락으로 '옴Aum' 또는 '아멘Amen'이라고 쓰라. 자신을 감싸고 있는 빛을 상상하면서 속으로, 또는 소리 내어 서너 번 말하라. "나는 빛이다. 어둠아, 물러가라." 서거나 앉아서 두 손을 가슴 앞에 모았다가 손바닥이 등에 닿도록 급히 뒤로 돌리며 "옴－" 소리를 내라. 그러면 보호받을 것이다.

죽은 사람들과 만나기

영혼들과 진정한 교제를 하되 자신의 의식을 잃어서는 안 된다. 초대한 영혼들을 만나려면 오히려 의식이 선명해야 한다. 그런 교제에는 격렬한 감정이 개입되지 않는다. 죽은 사람들을 무슨 마법 같은 수단으로 급히 만나려고 하지 말라. 그것은 하느님과 인간을 거역하는 범죄다. 오직 끊임없이 깊은 명상으로만 사랑하는 영혼들과의 만남을 시도하라. 몇 달 또는 몇 년에 걸친 끈질긴 명상만이 그들을 당신에게 데려다줄 수 있다.

밤마다 눈을 감고 '그리스도 센터Christ Center'에, 천계의 방송국에 마음을 모으고 만나고 싶은 영혼들에게 말하라. "부활하시오. 하느님 안에서 되살아나시오." 그들이 당신의 메시지를 들을 것이다. 그러고는 말없이 앉아서 당신을 향한 그들의 사랑을 느껴보라. 설레는 기분이 느껴지면 그들이 당신의 요청에 응한 것이다.

당신이 사랑하는 이들 가운데 이미 환생한 영혼이 있어도 이런 식으로 자는 중에는 꿈으로, 명상 중에는 환상으로 그 사람의 항상 깨어있는 천계의 몸을 만날 수 있다.

사는 동안 친구들을 사귀고 죽어 천계에서 그들을 만나게 되면 당신은 죽은 뒤의 삶에 대한 신비를 알게 될 것이다. 그러면 죽음이 사랑하는 이들과 나를 갈라놓은 덕분에 내 사랑이 그들뿐 아니라 환생한 모든 이들에게까지 가닿았음을 깨닫게 될 것이다. 당신의 가슴이 그들 전부를 품을 만큼 넓어졌을 때 비로소 모든 자녀를 사랑하시는 아버지를 알게 될 것이고, 그분을 알게 되면서 당신이 전에 사랑했던 수많은 부모들과 친구들도 알게 될 것이다. 그 간절한 사랑으로 자신의 온갖 생물 형제들과 무생물 형제들이 언제나 신비로운 아버지 하느님의 자녀임을 마침내 알게 될 것이다.

죽은 영혼이 선하다는 것과 그와 만나기를 바라는 자기 마음의 절실함이 분명하지 않거든 그를 계속 생각하지 말라. 세월이 흘러도 그를 생각하는 마음이 식지 않으면 그와의 만남을 시도해도 좋다. 죽은 영혼을 만나고 싶은 간절한 욕구야말로 당신이 천계 방송국으로 보낼 수 있는 더없이 훌륭한 송신送信이다.

현재의식 상태에서 느낌으로 만나기

사랑하는 어느 친구가 밤낮없이 보고 싶다면 그것은 그 친구

의 그리움과 애무愛撫가 당신을 에워싸고 있어서다. 다만 그 친구
의 영혼이 느낌을 통해 당신을 만나고 싶어 하지만 당신의 마음이
너무 시끄럽고 번잡해 자기를 나타낼 수 없다는 사실을 일깨워주
는 것이다.

잠재의식 상태에서 꿈으로 만나기

잠들기 직전 몇 분이라도 곁에 있는 친구의 현존에 느낌을 집
중하면 꿈에 그가 자기를 나타내 보일 것이다.

초超의식 상태에서 현재의식으로 만나기

눈 감고 죽은 친구의 현존을 느끼면서 눈과 눈 사이로 그의 모
습을 떠올려보라. 그렇게 끊임없이 시도하면 얼마쯤 뒤에 그가 눈
으로 볼 수 있는 형상으로 자기를 나타낼 것이다. 몇 달이고 몇 년
이고 계속해서 끈기 있게 깊은 명상 속으로 들어가라. 마침내 성공
할 것이다.

죽은 친구와 만나는 특별한 기법

사랑하는 친구가 죽었는데 그를 잊을 수 없다면, 그를 만나보
는 특별한 방법이 있다. 매일 두 시간씩 수련하되 몇 달 또는 몇 년
이 걸릴 수도 있다. 의자에 똑바로 앉아서 한 시간쯤 집중한다. 그
런 다음 손가락 끝에 마음을 모은다. 두 눈 사이로 마음을 모아 거

기 있는 영안靈眼을 보면서 죽은 친구의 천계의 몸과 만나기를 시도한다.

손을 들어 매우 주의 깊게 동서남북 모든 방향으로 반복해서 원을 그린다. 원을 그리는 모든 방향에서 떠나간 친구의 천계의 몸을 느끼려고 해본다. 그가 살았을 때처럼 만져지면 당신의 심장이 두근거릴 것이다. 계속 그를 영안으로 보려고 하면서 지금 어디 있는지를 물어보라. 손가락과 가슴으로 그가 느껴지고 그를 보면서 말할 수 있게 되면 그가 지금 천계의 어디에 있는지 또는 지상의 어디에 다시 태어났는지 일러줄 것이다. 바야흐로 큰 기쁨을 맛보게 될 것이다.

되살아난 사람들

스와미 크리야난다의 회고담

미국 엔시니타스Encinitas에 어느 부동산업자가 있었다. 그의 아내가 오랫동안 심하게 앓았다. 그가 소문을 듣고 요가난다를 찾아와서 아내를 위해 기도해달라고 청했다. 요가난다는 기도를 해주었지만 병문안은 가지 않겠다고 했다. 얼마 뒤 그의 아내는 남편에게 큰 절망을 남기고 숨을 거두었다.

그제야 요가난다는 명상 중에 그 집으로 가겠다고 했다. 그가 현관에 도착했을 때 집 안에는 서른 명쯤 되는 사람이 슬픔에 잠겨있었는데, 남편이 죽은 아내 시신을 어루만지며 울고 있었다. 요가난다는 말없이 그를 비켜나게 한 다음, 죽은 여자 이마에 한 손을 얹고 다른 손으로 등을 받치고 '신성한 힘(Divine Power)'을 불러일으켰다.

십 분쯤 지나자 그녀의 몸이, 나중에 요가난다의 말에 따르면 '모터처럼' 떨리기 시작했다. 이윽고 깊은 고요가 그녀의 몸을 감쌌고, 멎었던 심장과 폐가 되살아났다. 그녀가 서서히 눈을 떴다. 긴 여행에서 돌아온 사람의 눈빛이었다. 그녀는 완전히 건강해졌다.

이것은 요가난다한테서 직접 들은 말이다. "1935년 인도에 머무를 때였소. 하루는 스승님이 사시던 동네를 걸어가는데, 가까운 집에서 곡성哭聲이 크게 들리더군요. 그 집에는 가까운 친구의 친척이 살고 있었지요. 곧장 집 안으로 들어갔고 거기서 방금 집주인이 숨졌다는 말을 들었소. 내가 울고 있는 가족들 사이로 죽은 사람에게 다가가 깊은 기도로 그 몸을 덮어주었지요. 그러자 하느님의 은혜로, 그가 다시 살아났소."

여러 해 뒤에 루이스 박사가 나에게 말해주었다. "한번은 선생께 물어보았어요. '그날 그 집에 들어가신 것이 집주인과의 친분 때문이었나요? 아니면 하느님이 그러라고 시키셨나요?' 그러자 그분이 즉석에서 답하기를, '아, 물론 하느님이 그러라고 시키셨지요. 그렇지 않았으면 그 집에 들어가지 않았겠지요.' 이러십디다."

하늘나라가 기다리고 있다

죽음은 절멸絶滅이 아니다. 사고, 질병, 극도의 슬픔 같은 것들로 인해 주어지는 피동적이고 본의 아닌 휴지休止다. 몸에 흐르는 생기와의 강제적이고 항구적인 관계 단절을 보통사람들이 '죽음' 또는 '생명의 종식'이라고 부르는 것이다. 실제로는 잠정적으로 처하는 상태일 따름이다. 그것은 만물의 끝이 아니다. 끊임없이 바뀌고 조잡한 물질의 영토에서 즐겁고 다채로운 빛깔의 영역으로 옮겨가는 것이다.

깊은 명상을 통해 본인의 의지력으로 몸에서 생기의 흐름을 꺼버리는 법을 배워서 자기 영혼을 죽음의 사슬로부터 풀어주라. 전구 하나가 부서진다고 전기가 죽는 것은 아니다. 마찬가지로 우리의 참 자아는 육신의 죽음으로 소멸되지 않으며, 오히려 무한하고 '없는 데 없는 자기(Omnipresent Self)'로 들어간다.

우리는 미각, 청각, 시각, 후각, 촉각 다섯 가지 감각으로 이 땅을 경험한다. 하늘나라는 직관直觀(intuition)으로 경험된다. 명상을 자주, 깊이 해야 하는 까닭은 여섯 번째 감각인 직관을 발달시킬 수 있기 때문이다. 우리는 살덩이가 아니다. 우리는 신성한 영(Spirit)이다. 하늘나라가 우리를 기다리고 있다. 간절한 기도와 깊은 명상을 통해서 직관의 힘을 키우는 것이 그리로 들어가는 유일한 길이다.

마법의 당근

옛날 인도에 성질 고약한 여자가 살았다. 이름이 칼라하Kalaha인데 벵골어로 '말다툼'이란 뜻이다. 그녀는 아주 사소한 일을 두고서 아무하고나 닥치는 대로 싸움질을 벌이는데 누가 조금이라고 좋아지는 것을 보면 참을 수 없었다.

세월이 흐르면서 그녀는 갈수록 사악해져서 온갖 못된 짓을 서슴지 않았다. 마침내 때가 되어 저승사자가 그녀의 몸에서 그녀를 데려갔다. 그녀의 영혼이 아래로 더 아래로 계속 내려가더니 뱀들이 혀를 날름거리는 지옥 바닥에 닿았다. 그녀는 잔뜩 겁에 질려 어두운 영혼들이 절망과 고통 속에서 몸부림치는 그곳에 자기를 버려두고 떠나려는 저승사자에게 자비를 베풀어달라고 큰소리로 애원했다.

못된 여인의 애원에 마음이 동한 저승사자가 되돌아와서 말했다. "알았다. 세상에 살면서 뭐든지 착한 일 한 것 있으면 하나라도 좋으니 말해보라. 혹시 그것으로 네가 스스로 만든 이 지옥에서 꺼내줄 수 있을지 모르겠다."

못된 여인이 한참동안 고개를 갸웃거리며 생각한 끝에 큰소리로 말했다. "아! 그렇지. 하나 생각납니다. 언젠가 당근 몇 개를 혼자서 먹다가 그중 하나에 벌레가 들어있는 걸 알고 그것을 다른 사람한테 주면서 벌레는 죽이지 말고 당근만 먹으라고 했어요."

저승사자가 "그만하면 됐다." 말하고서 두 팔을 휘두르자 공중에서 당근 하나가 여인 쪽으로 내려왔다. 저승사자가 말을 이었다. "못된 영혼아, 저 당근을 꽉 잡고 놓지 마라. 당근이 너를 하늘나라로 끌어올려줄 것이다."

칼라하가 서둘러 당근을 움켜잡자 몸이 하늘로 올라가기 시작했다. 이를 본 다른 죄인 하나가 그녀의 발목을 움켜잡았다. 그 죄인의 발목을 두 번째 죄인이 잡고, 두 번째 죄인 발목을 세 번째 죄인이 잡고, 세 번째 죄인 발목을 네 번째 죄인이 잡고… 이렇게 해서 백 명이나 되는 죄인들이 칼하라의 발목에 매달려 하늘로 오르게 되었다.

칼라하는 자신이 지옥에서 벗어나 하늘로 올라가는 것이 너무나도 기뻤다. 그러나 그때 백 명이나 되는 다른 죄인들이 자기 발목에 매달려서 같이 올라오는 게 보였다. 자기가 움켜잡은 당근의 마법으로 그들이 지옥에서 벗어나는 것을 보자 속이 뒤집어졌다. 자기 때문에 다른 누가 저승사자의 은덕을 입는 건 도저히 그냥 두고 볼 일이 아니었다. 칼라하가 머리끝까지 화가 나서 소리쳤다. "이 못된 것들아! 당장 이 발 놓지 못해? 감히 내 당근 덕에 너희들이 하늘로 오르겠다는 거냐?"

그녀는 자기 발목에 매달린 죄인들을 떨쳐버리려고 발버둥질하다가 그만 당근을 놓치고 말았다. 그러자 칼라하와 함께 백 명의 죄인들이 다시 지옥 바닥으로 떨어졌다.

무슨 얘기인가? 아주 작은 선행 하나로도 죄악의 수렁에서 구원받을 수 있지만, 이기심이라는 술을 마시며 심술이라는 작은 배 위에서 촐싹대는 사람은 무지無知의 바다에 빠진다는 교훈이다. 다른 사람들의 행복과 안녕을 아랑곳하지 않는 이기적 행복은 슬픈 종말을 맞게 되어있다.

귀여운 새끼사슴

하느님 안에는 동떨어짐이 없다. 그러나 하느님의 옹근 '하나'를 깨치지 못한 사람에게는 동떨어짐이 있고, 죽음이 있다. 그에게 죽음은 영혼이 그 너머로 사라져 망각되는 텅 빈 장벽이다. 깨달은 사람은 죽음의 땅 너머 모든 영혼이 춤추면서 다시 깨어나는 곳을 안다. 죽음은 슬픔을 불러일으킬 수 없다. 그동안 사랑하는 친구가 죽었을 때 얼마나 슬펐던가? 실은 그럴 이유가 없다. 하느님을 알게 되면 모든 사람이 커다란 '신성(the great Divine)' 안에 있는 것을 보고, 그들이 결코 자신에게서 떨어져 있지 않다는 사실을 깨칠 것이다.

내가 인도 란치Ranchi의 학교 기숙사에 있을 때였다. 거기 있는 어린 사슴을 무척 좋아하게 되었다. 귀여운 모습이 너무나 사랑스러워 내 방에서 재우기도 했다. 새벽에 꼬맹이가 침대 위로 뛰어

올라 반갑게 아침 인사를 하는 것이 일과의 시작이었다.

하루는 학교를 떠나서 어디 다녀올 데가 생겼다. 내가 돌아올 때까지 사슴한테 먹이를 주지 말라고 친구들에게 부탁했지만 한 아이가 너무 많은 우유를 주었다. 저녁에 학교로 돌아온 나에게 슬픈 소식이 기다리고 있었다. "꼬마 사슴이 거의 죽게 되었어. 너무 많이 먹었거든." 너무나 슬퍼서 기절할 것 같았다. 그래서 말했다. "하느님이 있다면 그분이 사슴을 데려가지 않으실 거야." 그리고 곧 명상을 시작했다. 세 시간쯤 뒤에 사슴이 자리에서 일어났다. 하느님이 사슴을 나에게 돌려주셨던 거다.

그러나 그 뒤에 내가 얻은 교훈은 참으로 소중한 것이었다. 그날 나는 새벽 두 시까지 사슴과 함께 있다가 깜박 잠들었다. 사슴이 꿈에 나타나서 말했다. '네가 나를 붙잡고 있는데 그러지 마. 나를 놔줘. 제발 나를 가게 해달라고!'

꿈속에서 내가 말했다. '그래, 좋아.'

그러다가 소스라치게 놀라 깨어나며 소리쳤다. "얘들아, 사슴이 죽는다!"

나는 꼬마 사슴이 있는 방구석으로 달려갔다. 사슴이 나를 보고 일어나려고 애를 쓰더니 결국 내 작은 무릎 앞에서 마지막 숨을 거두었다.

짐승들의 운명을 결정하고 다스리는 카르마에 의해 사슴은 삶을 그렇게 마쳤고, 더 높은 형태로 나아갈 준비가 되어있었다.

그런데 내가 너무 집착하는 바람에, 또 진실어린 기도 때문에 사슴의 영혼이 풀려나려고 애쓰는 바로 그 순간 그 영혼을 다시 짐승의 유한한 형태로 잠시 붙잡아두었던 것이다.(물론 나중에는 내 집착이 이기적 욕심인 줄 알게 되었다.) 그래서 사슴이 꿈에 나타나 내가 사랑으로 허락하지 않으면 떠나지 않거나 떠날 수 없으니 자기를 놓아달라고 했던 것이고, 내가 그러라고 하자 떠난 것이다.

　　모든 슬픔이 나에게서 떨어져나갔다. 나는 하느님이 당신 자녀들마다 당신의 한 부분으로 사랑하신다는 사실을 새로이 알게 되었다. 무지한 사람은 죽음이 사랑하는 친구들을 다시 보지 못하게 하는 장벽이라고만 인식한다. 그러나 어떤 무엇도 집착하지 않는 사람, 천지만물을 하느님의 자기표현으로 보는 사람은 사랑하는 사람이 죽음을 통해 그분의 기쁨 충만한 무한 공간으로 돌아간 것을 안다.

마지막 날

　　이 글을 쓰고 있는 나와 읽고 있는 당신을 포함해 심장이 뛰고 있는 무수한 인간들이 기껏해야 앞으로 백 년쯤 더 살 것이다. 큰 사람이든 작은 사람이든 모두 한 줌 재가 되어 땅속에 묻힐 것이다. 오늘은 아침, 점심, 저녁 세 끼니 꼬박 챙겨 먹지만 언젠가는 먹지도 마시지도 못할 날이 온다. 그날이면 당신의 입과 코가 영원히 막힐 것이다.

농담 좋아하고, 시냇물 소리와 달콤한 음악에 쫑긋하고, 사랑하는 사람의 속삭임에 친숙해진 귀도 이 땅에서 더는 아무 소리 듣지 못할 때가 올 것이다.

좋아하는 장미가 지금은 향기를 품고서 코끝을 간질이지만, 그 코가 더 이상 자연의 향내를 맡지 못할 날이 올 것이다.

세상 온갖 아름다운 것들이 연꽃자세로 앉은 당신의 지혜로운 문 앞에 말없이 서서 당신이 알아주기를 기대하며 안방으로 들어오려 하지만, 그것들을 받아들이지 못할 때가 올 것이다.

지혜의 안방은 빈 방으로 남을 것이고, 27조兆 세포와 신체 기관을 통솔하던 뇌는 더 이상 작동하지 않고, 산들바람의 부드러운 손길과 따스한 햇살도 더 이상 당신 몸을 애무하지 못하고, 육체는 생명 없는 무기물로 바뀔 것이다.

당신의 눈도 더 이상 보지 못하고, 손발도 움직이지 못하고, 좋은 생각과 나쁜 생각, 성공과 실패, 지혜와 어리석음 따위도 더는 없어질 것이다.

언제고 그런 날이 반드시 올 터인데 밀랍인형 같은 몸을 이런저런 쾌락과 위안으로 감싸려 애쓰는 까닭이 무엇인가? 죽음의 열기가 얼어붙은 당신 몸의 원자들을 모두 녹일 것이다. 이번 생이 당신에게 주어진 유일한 기회고, 때가 되면 당신처럼 살다 죽은 수

많은 영혼들의 그늘에 섞여들게 될 것임을 정녕 알고 있는가?

환생은 의심할 바 없는 진실이다. 그런데 이번 생에서 당신이 경험한 몸과 마음과 친구들을 똑같은 모습과 방식으로는 다시 경험할 수 없다는 사실을 아는가?

기억하라. 당신은 정해진 시간의 스크린 위에서 슬픔과 기쁨으로 점철되는 인생의 한 역할을 연출해야 한다. 이 특별한 영화는 영원히 보존되는데, 다른 환생의 스크린 위에서 개작되어 비슷하게 반복될 수는 있지만, 똑같이는 두 번 다시 연출되지 않는다.

모든 영혼들이 저마다 값싼 외투를 벗고 불멸의 빛나는 옷을 입게 된다면 죽음 앞에서 울어야 할 이유가 없지 않은가? 영원불멸을 확신하는 성자들이나 죽을까봐 벌벌 떠는 소인배들이나 모두 하나같이 죽는데, 왜 죽음을 겁낸단 말인가? 사람이면 누구나 예외 없이 통과하는 보편적 경험이 죽음이다.

생각해보라. '생명'이란 얼마나 신비로운 물건인가. 알 수 없는 것에서 비롯되어 알 수 없는 것으로 스며든다. 생각해보라. '죽음'이란 얼마나 신비로운 물건인가. 부지런히 일한 사람과 게으름뱅이를 똑같이 삼키고 그들을 대기와 원소들로 바꿔놓는다. 생각해보라. 사람마다 죽음을 겁내지만 바로 그 죽음이 온갖 슬픔과 질병과 곤경을 벗고 편안히 쉬게 해준다.

어째서 이 불확실하고 소멸되지 않을 수 없는 육신을 안락하게 하려고 지혜의 온갖 보물을 허비한단 말인가? 깨어나라! 소멸되지 않을 수 없는 육신의 밭에서 영원불멸하고 끊임없이 새로워 지는 지복至福을 추수하라. 천천히 스러져 없어질 육신에서는 참 된 위안을 결코 얻지 못할 것이다. 감각적 쾌락이라는 바위에서는 신성한 꿀을 결코 짜내지 못할 것이다.

단단한 의지력과 갈수록 깊어지는 집중의 힘으로 명상을 통 해 신성한 평화의 꿀을 짜낼 때 당신 삶의 물통 속으로 지속적인 위안과 행복이 흘러들어온다.

어째서 죽음 같은 무지의 잠을 자면서 물질에 대한 욕망의 노 예가 되는 것인가? 지금 당신의 삶은 무지의 잠에 취해 헛된 꿈속 을 헤매는 것과 같다. 어찌하여 죽는 순간 속절없이 두고 떠나야 할 재물을 축적하는 데 소중한 시간을 허비한단 말인가? 알다시 피 물질의 부富는 너무 무거워서 저 거대한 '너머(great Beyond)'로 여행을 떠날 때 천계天界로 가져갈 수가 없다. 어찌하여 그토록 집 착하는 모든 것을 두고 떠나야 할 이 땅에서의 마지막 날을 지금 준비하지 않는 것인가?

냉소주의자가 되어 이번 생을 즐기지 말라는 얘기가 아니다. 다만 언젠가는 등지고 떠나야 할 것들을 너무 움켜잡지 말라는 것 이다. 육신의 옷을 벗으면서 이 땅의 것들에 미련을 두고 아쉬워하 지 않으면 뒤에 더 좋은 것을 받게 될 것이다. 살면서 소중히 여기 다가 잃은 것들을 아버지 하느님께로부터 다시 얻을 것이다. 그분 이 그것들을 가져가신 덕분에 당신이 이 땅에 묶여서 잊었던 참 자아를 기억하게 될 것이다.

　명상의 힘과 직관直觀의 보물로 날마다 새로운 평화와 기쁨을 얻으라. 그것들이 당신의 마지막 여정에 큰 쓸모가 있을 것이다. 날마다 하느님과 소통하며 죽음을 준비하라. 당신은 이 길 끝에서, 마지막 날의 문을 통과해 아버지 나라에 들어갈 것이고, 그곳에 영원히 머무를 것이다.

영적 부활

　삶은 영화로운 것이다. 당신이 세상의 이면에서 하느님을 발견하기만 한다면 삶은 아름다운 것이다. 삶과 죽음의 변화무쌍한 그림들에 홀리지 말고, 아무쪼록 영원불멸을 잡아야 한다. 그것이 당신이 경험할 수 있는 위없이 높은 기쁨이다. 해와 달과 별들 뒤에 하느님이 숨어계신다. 당신의 양심이 곧 하느님 음성이다. 진정한 헌신과 명상 말고는 숨어계신 하느님을 드러낼 다른 길이 없다.

　날마다 명상 속에서 스스로 부활하라. 명상 전과 명상 후의 자신을 비교해보라. 하느님을 알고 싶다면 깊이 명상하라. 자신의 못된 버릇, 무관심, 불안을 날마다 죽이라.

　부활은 이완弛緩(relaxation)이다. 명상하는 가운데 몸과 마음으로부터 자신의 알아차림을 풀어놓는 것이다. 그때 당신은 자유로워진다. 몸 안에 살면서 몸 없이 살 수 있음을 당신 영혼이 아는 것이다. 그것은 다른 경험이다.

인생은 아름답다지만 대개의 경우 새장에 갇힌 새와 같다. 누가 새장의 문을 열어주어도 날아가려 하지 않는다. 무서워서다. 우리도 명상하다가 이런 생각을 하곤 한다. '무한하신 분(the Infinite) 안으로 들어갔다가 다시 나오지 못하는 것 아닌가?' 끝없이 넓은 하늘이 무서운 것이다. '내 몸이 곧 나'라는 생각으로 너무 오래 살았다. 그래서 자기 자신의 없는 곳 없음(omnipresence), 못하는 것 없음(omnipotence), 모르는 것 없음(omniscience)의 부활이 무서운 것이다. 몸의 불안과 이런저런 감각들을 참고 견딜 수 없다면 고요히 앉아서 이렇게 말하라. "오 하느님, 침묵의 하늘나라에서 제 속으로 태어나소서." 그러면 침묵의 제단 위로 그분이 오실 것이다. 하느님의 기쁨은 인간의 말로 설명될 수 없다. 그것은 삶과 죽음의 변화무쌍한 꿈으로 거두어갈 수 없는 기쁨이다.

제5장

환생

Reincarnation

환생 이론

환생이 사실이냐 아니냐를 두고 오랜 세월 찬반양론이 있다. 환생이 사실이 아니라면 어떤 종교도 믿을 이유가 없다. 환생 이론은 '죽음'이라는 것 뒤에도 삶이 지속된다고 가르친다. 육신은 언제까지나 지속되지 않는다. 영혼은 언제까지나 지속된다. 유한한 몸에 무한한 영혼이다. 영혼은 자신의 완전함에 이를 때까지 하느님께 돌아가지 못한다. 그래서 몸이 소멸될 때 영혼은 자신의 불완전함을 극복하기 위해 다른 몸을 입어야 한다.

몸은 거주지居住地, 영혼은 거주자居住者다. 육신의 집은 소멸하고 신성한 영(the Spirit)의 형상인 영혼은 소멸하지 않는다. 그러므로 몸이 죽을 때 영혼은 잠시 쉬려고 다른 곳으로 옮겨간다. 영혼과 육신은 밀접하게 연결되어 있기 때문에 물질적 욕망이 커지고, 그 불완전한 물질적 욕망이 육체를 떠난 영혼에 계속 매달려 거룩한 영으로 돌아가지 못하게 가로막는다. 그렇게 되면 불멸의 영혼이 자신의 불완전함을 떨쳐버릴 유일한 장소인 '인생학교'로 돌아오는 수밖에 없다.

아이가 학교에서 진급시험에 낙제하면 합격할 때까지 시험을 보고 또 보아야 한다. 마찬가지다. 교육과 오락으로 운영되는 인생학교에서 자신의 완전함에 도달하지 못한 영혼은 거룩한 영의 자기 본성을 온전히 경험할 때까지 여러 차례 환생을 되풀이해야 한다. 불멸하는 영혼이 영의 지구력(Spiritual-endurance)을 유지하려면 자기 통제, 무無집착, 도덕성, 고요, 영성 같은 몇 가지 상賞을 받아야 한다. 영혼이 참으로 자유로워지려면 땅의 학교에서 모든 이수과정을 통과해야 한다.

불멸하는 영혼의 자녀들은 인생영화를 제작하거나, 그 모든 희극과 비극을 조용히 관람하려고 인생극장으로 온다. 신성한 자녀들이 아버지한테 가서 "아버지, 땅에서 영화에 출연하고 그것을 구경하는 게 재미있었습니다. 그러나 이제 더 이상 덧없는 오락을 즐기고 싶지 않아요."라고 말한다면 자신의 물질적 욕망 때문에 강제로 땅에 돌아오는 경우는 없을 것이다.

하느님은 완전한 영혼들을 땅으로 보내 불멸하는 존재들처럼 고요하고, 욕심 없고, 언제나 행복하게 살면서 땅의 영화들을 구경하고, 그 속에서 활동하게 하신다. 그러나 그렇게 속세의 영화를 구경하고 그 속에서 활동하는 사이 영혼들은 무엇인가에 집착하게 되는데, 그렇게 생겨난 온갖 물질적 욕망을 죽기 전에 떨쳐버리지 않으면 땅에서 생겨난 욕망을 없애려고 다른 몸을 입고 다시 세상 영화관으로 돌아와야 한다.

만일 누가 롤스로이스를 타고 싶다는 욕망을 품은 채로 죽는다면 영혼들이 탈 것 없이 미끄러지듯 왕래하는 하늘나라에 살 수 없을 것이다. 결국 그는 자신의 특별한 욕망을 충족시킬 수 있는 유일한 장소인 땅으로 돌아와야 한다. 영혼의 위없이 고상한 욕망조차도 그가 사소한 것들에 집착하느라고 잃어버린 우주의 영원한 왕국에 견주면 아무것도 아니다.

어떻게 환생을 미리 막을 수 있나?

완전한 영혼 자녀들(soul-children)이 땅에 와서 자기 에고를 만족시키기보다 하느님을 기쁘시게 해드리려고 온갖 일을 하면 그들은 환생의 굴레로부터 자유로워질 것이다. 그러므로 무엇을 먹을 때마다 이렇게 생각하라. '이 음식을 먹는 것은 식욕을 채우기 위해서가 아닙니다. 다만 당신의 신전神殿을 건강하게 유지해 당신을 기쁘시게 해드리려는 거예요. 고픈 배를 채우라고 당신이 명하셨기 때문입니다.' 또는 '제가 돈을 버는 것은 오직 나 자신과 남들을 살아있게 하라는 하늘이 내린 임무를 감당하기 위해서입니다. 탐재貪財 때문이 아닙니다.' 무슨 일을 하든지 자신에게 일러주라. '나는 지금 오직 그분을 기쁘시게 해드리려고 생각하고 마음먹고 행동하는 것이다.'

하느님을 위해서 하는 일은 매우 즐겁고 본인을 만족시킨다. 자기 에고를 위해서 하는 일은 눈을 멀게 하고 비참한 결과를 초래한다. 그러니 자신이 아니라 하느님을 위해서 온갖 선한 일을 하라. 그러면 자기 행동과 그 결과에 대한 책임이 자신의 영혼을 건드리지 못할 것이다. 이런 정신적 태도가 영혼을 다시 땅으로 돌아오게 만드는 집착의 고리를 끊어준다. 오직 하느님을 기쁘게 해드리려고 먹고 일하고 생각하고 놀고 명상하고 세속의 행복을 즐길 때, 자기 자신을 즐겁게 하려고 그러지 않을 때, 그때 당신은 이곳에 계속 남아있든지 아니면 슬픔이나 아쉬움 없이 이곳을 떠날 준비가 된 것이다. 그러면 다시 땅으로 돌아오지 않을 수 있다.

하느님을 기쁘시게 해드리려는 행동은 무엇에도 미련을 두지 않는다. 하느님을 기쁘시게 해드리려고 딸기파이를 먹거나 돈을 벌었다면 파이 먹고 돈 벌 때 지녔던 욕망을 그대로 품고서 죽지 않는다. 반대로 탐욕이나 이기심으로 그랬다면 미처 다 채우지 못한 욕망을 안은 채로 죽을 것이다. 그러면 그것을 마저 채우려고 이 땅에 다시 돌아와야 한다. 아무런 야망도 없이 싱겁게 살라는 얘기가 아니다. 나태하고 게으른 사람은 땅에서 하느님을 기쁘시게 해드리려는 열정이 없다. 그래서 하느님을 기쁘시게 해드리겠다는 일편단심으로 활기차게 일하는 법을 배울 때까지 돌아오고 다시 돌아와야 한다.

자기를 즐겁게 하기 위해서만 움직이는 사람들은 끝없는 욕망의 그물에 갇혀 사는데, 거기서 벗어나려면 수많은 환생을 거듭해야 한다. 그러니 부디 게으르거나 이기적 욕망에 사로잡히지 말고 '신성한 연출가'의 지시에 따라, 올바른 마음가짐으로 일하고 놀겠다는 성스러운 야망을 품으라.

명상하려고 세속을 등지고 숲으로 들어가는 것은 하나의 극단極端(extreme)이다. 그러나 세속적 욕망도 당신을 따라 숲으로 들어갈 수 있다. 세속에 스며들라. 그러나 세속에 매이지는 말라. 그보다는 하느님의 순결한 기쁨과 더불어 세속을 즐기는 것이 더 나은 길이다.

　내면의 욕망을 정복하지 않고 세상을 포기하는 것은 위선僞善을 낳는다. 영적 수련 없이 세속에 살면 스스로 고달픈 속물이 될 따름이다. 힌두교 경전인 『바가바드기타(Bhagabad Gita)』에 따르면 하느님을 기쁘게 해드리고자 세상에서 온갖 일을 다 하는 것이야말로 위없이 높은 이상理想인데, 그 지고한 가르침은 동서양에 두루 통한다. 우리가 만일 숲에서 은둔자로만 산다면 위생이 좋지 못해 병으로 죽을 수도 있다. 내면의 평화 없이 속세에 묻혀 살면 온갖 염려와 걱정 속에서 마지막 숨을 거둘 것이다. 그러니 가슴에 하느님을 모시고, 어디에 있든 그분의 기쁨을 안고 웃으며, 오직 진실만으로 일하라.

환생을 피해야 하는 이유

　우리는 하느님의 영원불멸하는 영혼 자녀들로서, 스스로 지은 악행 때문에 탐탁지 않은 이 땅의 삶으로 돌아오는 일이 없어야 한다. 우리의 본향은 없는 데가 없고, 질병도 없고, 슬픔도 없는 복된 하느님 나라다. 세속의 덧없는 오락을 즐기려는 이 땅의 번화한 여인숙은 우리의 본향이 아니다. 우리는 이 속된 놀이판을 거쳐 집으로 돌아갈 마음의 각오를 단단히 해야 한다.

환생은 사람들 속에 그릇된 욕망과 집착을 주입시켜 지극히 행복한 하느님 나라를 떠나 거짓 희망과 환멸, 사별死別, 무지의 땅으로 거듭 돌아오게 하는 악마의 힘이 만든 작품이다.

육신의 감옥을 사랑하는 에고

환생은 불멸하는 영혼들이 본향에서 멀리 떨어져, 병들고 부서지고 고통스럽고 비좁은 육신의 감옥에 계속 갇혀있게 만든다. 교도소에 너무 오래 있어서 형기가 만료되어 출감할 때가 되어도 감옥을 떠나기 싫어하는 죄수들처럼, 없는 곳 없이 어디에나 있는 영혼들이 세상에 너무 집착해서 수명이 다 되었는데도 육신의 감옥을 떠나려 하지 않는 것이다.

예수, 크리슈나Krishna, 구루 바바지Guru Babaji 같은 자유로운 영혼들은 감옥에 갇힌 영혼들을 가출옥시키려고 자의自意로 땅의 감옥을 방문할 수 있다. 그래서 사람들을 무한 행복의 본향으로 오라고 부르는 것이다.

환생을 말하는 사람들

수십억의 인도인, 중국인, 일본인 그리고 여러 나라 사람들이 환생을 믿는다. 고대 철학자 피타고라스Pythagoras, 탁월한 시인 에머슨Emerson, 사업가 헨리 포드Henry Ford, 세계적인 과학자 토머스 에디슨Thomas Edison과 루서 버뱅크Luther Burbank, 이들 모두 환생을 믿었다. 힌두교 스승들과 예수도 환생 교리를 알았고 그것을 시인했다.

예수가 말했다. "엘리야는 벌써 왔소. 그런데 사람들이 그를 몰라보고 자기네 맘대로 대했소." …"그제야 제자들은 예수께서 말씀하신 사람이 세례자 요한임을 깨달았다."(마태오복음 17, 12-13)

우리는 여기서 예수가 환생의 법칙을 말했음을 보게 된다. 예언자 엘리야는 하나의 몸에 담긴 하나의 영혼이었다. 그 몸이 죽자 영혼은 하늘로 올라갔다가 환생해 땅으로 돌아왔고 세례자 요한의 몸에 스며들었다. 방금 인용된 예수의 말이 예언자 엘리야가 세례자 요한으로 다시 태어났다는 의미 아니고 무엇이겠는가?

요한묵시록 3장 12절에서 우리는 읽는다. "이기는 자는 내가 하느님 성전의 기둥으로 삼으리니 저가 그곳을 떠나지 못하리라." 자기 몸의 욕망을 이긴 사람은 하느님 성전에 정착된 영혼(기둥)이 되어 세속의 욕망을 채우려고 다시 땅에 돌아오지 않는다.

또 요한묵시록 2장 7절에 이런 말이 있다. "이기는 자에게 내가 하느님의 낙원에 있는 생명나무 열매를 주어서 먹게 하리라." 자기 몸의 욕망을 이긴 사람은 세속 생활의 쓰디쓴 열매를 맛보러 땅으로 오지 않고 영원한 행복의 낙원에 있는 하느님 또는 '생명나무'의 열매를 맛보며 끝없이 기뻐한다.

힌두교 경전인 『바가바드기타』에도 이런 말이 있다. "나, 위없이 높은 영이 억눌린 자들을 끌어올리고 덕 있는 자들을 구원하려고 거듭거듭 환생한다."

사람이 낡은 옷 벗고 새 옷을 입듯이 영혼도 누더기 몸을 떠나 새 거처로 옮겨간다.

뉴턴Newton, 갈릴레오Galileo, 줄 베르네Jules Verne는 아직 보이지 않는 진실을 내다보았다. 갈릴레오는 지구가 둥글다고 말했다가 벌을 받았다. 당시 사람들은 지구가 평평하다고 생각했다.

이렇게 예수와 여러 지혜로운 사람들이 환생에 관한 진실을 깨쳤다. 보통 사람들이 아직 그 진실을 모르고 있을 때, 그들은 예수 같은 신성한 위인들의 권위 있는 가르침에 의존해야 했다.

어떤 환생?

육신의 몸에는 다른 두 몸이 숨겨있다. 하나는 천계의 몸 (astral body)이고, 다른 하나는 영의 몸(spiritual body) 또는 생각의 몸(idea body)이다.

소금 한 움큼을 호리병에 담고 밀봉한다. 그것을 다른 호리병에 담고 밀봉한다. 다시 그것을 세 번째 호리병에 담고 밀봉한다. 이 삼중 호리병을 바다에 넣으면 가장 바깥의 호리병이 깨어져도 소금이 바닷물에 녹을 수 없다. 소금이 바닷물에 녹으려면 호리병 셋이 모두 깨져야 한다. 마찬가지로, 육신의 몸은 그 안에 천계의 몸과 영의 몸 또는 생각의 몸을 담고 있다. 영혼은 마지막으로 영의 몸에 담기고 무지無知의 마개로 밀봉된다.

그러기에 죽음으로 육신이 망가져도 영혼은 아직 자유롭지 못하다. 천계의 몸과 영의 몸에서 무지의 마개가 뽑힐 때, 그리하여 신성한 영의 바다에 녹을 때, 그때 비로소 영혼은 자유를 찾게 된다. 우리는 삼중으로 된 속옷, 겉옷, 외투를 입고 있는데 우리가 죽을 때 영혼은 '육신'이라는 외투만 잃는 것이다.

세 가지 몸

물리적인 몸(육신, physical body)은 철鐵, 인燐, 염소鹽素, 소듐, 요오드, 칼륨 등 열여섯 가지 광물성, 비非광물성 요소들로 구성된다.

천계의 몸(astral body)은 정신적이고 정서적인 요소들로 구성되는데 여기에는 시각, 청각, 미각, 후각, 촉각 등 '앎'을 위한 다섯 가지 도구, 낳고 싸고 말하고 발로 걷고 손으로 만드는 '행위'를 위한 다섯 가지 도구, 결정結晶하고 동화同化하고 배출하고 신진대사하고 순환시키는 '생기生氣'를 위한 다섯 가지 도구가 포함된다.

몸에서 결정結晶을 이루는 기운이 제 역할을 못하면 결핵을 앓게 된다. 순환계가 제대로 작동하지 않으면 빈혈이 생긴다.

생각의 몸(idea body)은 육신의 열여섯 가지 요소와 천계의 몸 열아홉 가지 요소에 상응하는 씨앗 생각들(seed ideas)로 구성된다. 하느님은 물리적 몸과 천계의 몸을 창조하실 때 먼저 생각을 떠올리셨다. 이 생각 속의 요소들이 무겁게 진동해 육신과 천계의 몸이 된 것이다. 하느님이 철鐵과 생각과 느낌을 창조하시기 전에 먼저 그것들을 생각하셨다는 얘기다. 꿈속에서 꿈이 만든 바위와 생각(thought)의 번뜩임은 각기 다른 종류의 씨앗 생각(idea)으로 이루어진 것들이다.

육신이 죽어 소멸해도 이 땅에 욕망이 남아있으면 다른 몸으로 다시 태어난다. 의식(consciousness)이 모든 물질적 창조를 지시하고 연출한다.

어떻게 영혼을 세 개의 몸에서 해방시킬 것인가?

먼저 속세의 욕망들을 부수라. 그 다음, 더 높은 수준의 명상으로 세 가지 몸에서 영혼을 해방시켜 신성한 영(the Spirit)의 바다로 돌려보내는 법을 배우라. 육신이 살아있는 동안 이렇게 할 수 있으면 육신이 죽을 때 저절로 그리 될 것이다.

환생의 이유

만일 과식過食으로 건강의 법칙을 어기며 살았다면 다음 생에는 위장장애나 소화불량 체질로 태어날 것이고 그 결과 일찍 죽을 것이다. 두 번째 생에서 과식의 업보를 치르고 나면 세 번째 생에서도 과식하는 체질로 태어나겠지만 탐욕을 극복하기 위해 오래 살 수도 있다. 물론 자신의 선택일 경우에 한해서다.

엄마 뱃속에서 아이가 죽는 것은 보통 전생에 자살한 경우다.

이전에 배척당했던 사람이 다시 태어나는 과정에서 배척당한 삶의 잠복된 분노가 발작을 일으키는데, 그것이 지나치게 아이를 압박해 자궁에서 죽게 만드는 것이다. 과거 생에 재물, 건강, 번영, 지혜 또는 영성을 얻은 사람은 현생에서도 처음부터 그런 혜택을 입고 태어난다. 마찬가지로 과거 생에 가난, 질병, 나태로 인한 무지를 조성한 사람은 현생에서도 비슷한 조건들을 안고 태어난다.

　이것이 카르마 법칙, 이전 생에 심은 것을 다음 생에 거둔다는 정당하고 지혜로운 법칙이다. 이 법칙은 인간들이 하느님에게 덮어씌운 오명汚名, 그러니까 하느님이 사람을 차별해 누구는 머리가 좋고 누구는 머리가 나쁘게 하셨다는 오명을 벗긴다. 동시에 인간 세상의 명백한 차별과 불평등의 까닭을 설명한다. 그리고 모든 사람에게 희망을 준다. 왜냐하면 누군가 죄인이 된 이유는 부모에게 나쁜 성향을 물려받아서가 아니라 본인이 과거 생에 죄를 지었고 그래서 좋지 않은 부모를 스스로 선택한 것이기 때문이다.

　사람이 백 살쯤 살면 악에 저항해 선한 사람이 될 시간이 충분하다고 할 것이다. 그러나 다섯 살쯤 된 아이가 죽으면 이성理性을 활용해서 제대로 선택하고 삶의 투쟁에서 승리할 시간이 없다. 어린아이가 일찍 죽는 것은 스스로 지은 과거 허물 때문이다. 그는 올바르게 처신할 수 있도록 성숙할 때까지 다양한 인생학교들로 거듭해서 다시 태어나야 한다.

　아이들이 죽어서 하늘나라로 간다면 어째서 또 다시 태어나고달픈 인생을 반복해 살아야 하는 것인가? 악당이 죽었다고 천사가 되는 것은 아니다. 엄벙덤벙하게 산 사람도 죽어서 천사가 되기를 바랄 수야 있겠지만 실망하게 될 것이다. 우리는 밤에 꿈을 꾸고 나서도 꿈꾸기 전과 동일하다. 죄 많이 짓고 사악하게 산 영혼들은 그 몸이 죽은 뒤에도 전과 다를 바가 없다.

영혼인 우리는 처음부터 하느님의 빛살들이다. 해가 잠시 구름에 가려지듯이 죄의 구름에 묻힐 수는 있지만 영원히 우리 영혼을 묻어둘 수는 없는 일이다. 세상 모든 죄를 합쳐도 그것으로 우리의 본질인 '밝음'을 꺼뜨리진 못한다. 우리는 사람을 질식시키는 무지無知의 구름을 벗겨내고 자신의 영원한 빛을 다시 밝혀야 한다.

언제고 구원받을 텐데 길에서 늑장 좀 부려도 되지 않겠느냐고 생각해서는 곤란하다. 바보처럼 어리석은 생각이다. 죄 짓는 것 자체가 너무나도 괴로운 일이기 때문이다. 무슨 까닭에 자원해서 억겁의 긴 세월을 무지無知에서 비롯된 고통으로 채운단 말인가?

전생에 대한 무지無知가 환생의 장애가 되지 않는 이유

기억이란 태어나기 전을 시험하는 것이 아니다. 우리는 어머니 뱃속에서 지낸 열 달을 기억하지 못한다. 젖먹이 시절도 기억하지 못한다. 그런데 어떻게 전혀 다른 몸으로, 다른 두뇌와 신경계로, 그리고 다른 모양으로 살던 때를 기억할 수 있겠는가?

지난 생에서 겪었던 고된 일들이 기억나지 않는 것은 오히려 다행이다. 누구도 다시 고통스러운 과거에 압도당하고 싶지 않을 것이기 때문이다. 전생에서 견뎌야 했던 고된 일들이 모두 기억난다면 우리는 애써 좋게 살아보려는 마음이 들지 않거나, 되풀이되는 삶이 지겨워지거나, 아니면 원하는 대로 운명을 바꿔볼 엄두가 나지 않을 것이다. 유아기와 청년기, 그리고 노년기의 삶을 모두 기억한다면 우리는 철부지 어린아이의 짓궂은 장난, 청년시절의 희극, 노년의 비극을 반복하고 싶지 않을 것이다.

생각해보라. 환생이란 얼마나 복된 것인가! 낡아서 털털거리는 인생 자동차를 폐차시키고, 인생이라는 경주에서 다시 승부를 겨뤄볼 새로운 모델의 신형차를 받는 것이 환생이다!

땅에 사는 동안 죄를 짓고, 사람을 죽이고, 명예를 잃고, 세상의 따돌림을 받은 영혼들이 새로운 꼴을 입고 땅에 돌아와 새로운 삶을 준비하는데, 새로운 환경에서 새로운 친구들이 그를 환영하고 격려해주는 것이다.

환생의 배후

힌두교도처럼 사는 서양인, 특히 미국인이 있고, 철저한 미국인 사업가처럼 행동하는 힌두교도가 있다. 신성한 계획에 따라 많은 힌두교도들이 미국을 영적인 나라로 개선하려고 미국인으로 환생한다. 마찬가지로 물질보다 힌두교의 영성을 사랑한 많은 미국인들이 인도를 해방시키려고 인도에 태어난다.

될 수 있는 대로 멀리 자신의 과거를 돌아보라. 때 묻지 않은 어린 시절의 성향을 살펴보라. 어렸을 때 향香을 좋아했는가? 아니면 동양철학을 좋아했는가? 그도 아니면 연장이나 기계를 좋아했는가? 그것이 이번 생을 살면서 품게 된 성향보다 자기 전생의 성향을 돌아보는 데 도움이 될 것이다.

가끔 식구들끼리 끝도 없이 싸우는 집안을 보게 된다. 그들은 과거에 원수들이었다. 그래서 상대방에 대한 적의敵意를 가슴에 품고 있다. '끌어당김의 법칙'은 사랑과 함께 미움에도 통하는 법인 까닭에 '본연本然(nature)'이 서로 미워하는 영혼들에게 가정이라는 좁은 울타리 안에서 싸움질을 계속하게 만든 것이다. 그러니 부디 조심하라. 미워하는 사람들한테 관심을 집중해서 그들과 그 나쁜 성품을 끌어당기지 않도록!

기나긴 과정

환생은 신성한 빛이 결정結晶을 이루는 단계에서 시작되어 800만 번의 삶을 거친 뒤에야 인간 존재의 수준에 도달하게 된다. 한 영혼이 인간의 몸으로 태어나기까지 얼마나 오랜 세월이 걸리는가! 영(Spirit)이 스스로 진화해 자기 안에서 물질(matter)을 형성하는데, 그 물질이 영을 억제한다.

광물, 식물, 그리고 인간. 몸은 서로 다르지만 영혼은 언제나 같다. 환생은 영이 저 자신에게로, 여럿에서 하나로 돌아가는 과정이다.

환생의 시원始原

하느님은 인간을 불멸의 존재로 만드셨다. 불멸의 존재로 이 땅에 머무르는 것이 인간을 위한 그분의 계획이었다. 변함없는 불멸의 의식(consciousness)으로 온갖 변화의 드라마를 구경하는 것이 인간에게 주어진 역할이었고, 불변하는 무대에서 변화의 드라마를 모두 본 다음 영원한 지복至福의 가슴으로 돌아와 안기는 것이 인간의 운명이었다. 그런데 그 사이로 악(evil)이 끼어들어 사람에게 인생의 변화무쌍함에, 만물의 이면에 있는 영원불멸보다 겉모습에 집착하게 했고, 그와 더불어 죽음이 완전한 멸절滅絶이라는 거짓 관념이 생겨나게 된 것이다.

죽음이라는 관념

한 사람의 생애, 출생과 삶 그리고 죽음을 찍은 영화는 출생의 행복과 죽음의 슬픔을 보여준다. 그런데 사탄의 무지無知 때문에 오래전 하느님께로부터 기쁘게 내려왔다가 죽어서 더 높은 경지로 기쁘게 올라갔던 때를 찍은 영화는 보지 못하게 되었다. 사탄이 이번 생의 드라마만 아주 짧게 보여주고 본인의 태아기와 출생 직후의 경험을 망각하게 한 것이다. 그러고는 막幕을 내려 죽음에 대한 그릇된 관념을 지니게 한다.

죽음이나 변화가 없다고 말하는 것은 잘못이다. 그러나 죽음이란 영원불멸한 사슬의 바깥 고리일 뿐 나머지 부분은 숨겨져 보이지 않는다. 음습하고 기만적인 죽음에 대한 관념을 지우려면 우리는 모든 변화를 영원토록 변하지 않는 가슴 위에서 추는 춤으로 받아들일 필요가 있다.

초자연적 죽음과 고통스런 죽음

만일 아담과 하와가 하느님의 뜻을 어기지 않았더라면, 그 후손들이 유산으로 물려받은 무지의 영향을 받아들이지 않았더라면, 오늘 우리는 사고나 병으로 죽는 사람을 마음 아프게 바라보지 않아도 되었을 것이다.

하느님은 인간을 물질로 만들어, 이 땅에서 출생과 성장을 즐기며 살다가 옹근 완전함으로 고통 없이 돌아가게 하셨다. 고속 촬영한 필름으로 한 송이 꽃이 피었다 지는 것을 지켜볼 수 있듯이, 인간은 자기가 태어나서 자라고 성숙해가는 과정, 그리고 물질에서 벗어날 수 있는 고유한 능력으로 다시 하느님 속으로 녹아드는 과정을 지켜볼 수 있었다. 그런데 바로 그 인간이 하느님과 어긋나 스스로 물질 상태에서 벗어날 수 있는 능력을 상실했고, 그래서 자기 인생영화를 보다가 미처 완성되지 못한 상태로 막이 내리는 것을 겁내게 된 것이다. 인생영화가 미완성으로 종영終映하면서 육肉과 의식으로 이루어진 영화 장면에 집착하는 바람에 고통이 생겨나고, 사람들은 이 종영을 무서운 죽음으로 인식한다.

　죽을 수밖에 없는 유한한 존재들이 죽음에 대해 그릇된 관념을 지니고 있다. 그러니 죽음을 영혼이 변화무쌍한 상태에서 불변의 상태로 돌아가는 불가피한 과정으로 보지 않고, 모든 것의 멸절과 그로 인한 고통으로 보는 것이다.

사탄은 어떻게 환생을 창조했는가?

　사탄은 하느님의 불멸하는 자녀들이 한결같은 태도로 땅에서 완벽하게 살면 금방 불멸의 상태로 돌아가리라는 것을 알았다. 그렇게 되면 땅을 다스리는 자신의 통치권이 끝나고 만다. 그래서 그는 삶의 완벽한 드라마에 손을 대어 일그러뜨리고, 미망迷妄을 통해서 정신과 육신의 고통을 만들어냈다. 삶에 따라오는 고통이 불만을 낳았고, 그 결과 고통 없이 살고 싶은 욕망이 인간에게 생겨났다.

　하느님의 불멸하는 자녀들은 자신의 참 본성을 망각하고, 대신 덧없고 허망한 완벽함을 욕망하게 되었다. 인간적인 만족을 향한 욕망이 그들에게 인과응보의 법칙에 따라 다시 또 다시 환생을 거듭하게 만들고 있다. 이 카르마(행위)의 법칙이 영혼들을 이 땅에서 유한한 사탄의 왕국에 계속 가두어놓는 것이다.

어떻게 환생을 끝장낼 것인가?

불멸하는 영혼들은 명상 속에서 하느님과 결속해 세상 욕망의 온갖 씨앗들을 철저히 소멸시켜야만 비로소 해탈을 기대할 수 있다. 명상은 지극히 복되신 이가 유산으로 물려주신 끝없는 충만함을 떠올리게 해준다. 동시에 세상 사람들의 온갖 욕망을 불필요한 것으로, 오히려 우스꽝스러운 것으로 만들어버린다.

옹근 전체로 살기

우리는 의식意識의 스크린 위에서 건강하고 풍요롭고 지혜로운 인생 드라마를 완벽하게 연출하는 것으로도 환생에서 벗어나 해탈할 수 있다. 예컨대, 몸에 병이 들어도 두려워하지 않고, 건강이 나빠 괴로울 때에도 건강한 몸을 갈망하지 않을 수 있다. 그러면 우리는 언제나 건강한 영혼을 기억해낼 수 있다. 달리 말해서 평정平靜(equanimity)이 환생에서 해방되는 비결이라는 얘기다. '겉으로 가난하든 부자든, 하느님의 자녀답게 우리도 아버지처럼 모든 것을 다 갖고 있다'는 사실이 느껴진다면, 이미 자유를 누리고 있는 것이다. 비록 인간적으로 아는 게 없다 해도 '내가 하느님의 형상인 까닭에 신성한 비밀을 알고 있다'는 사실을 몸으로 느끼면, 그것으로도 환생에서 해방될 수 있다.

병에 대한 두려움과 몸의 건강에 대한 욕구, 가난에 대한 두려움과 부자로 살고 싶은 욕심, 그리고 지식의 결핍을 부끄러워하면서 모든 것을 알고자 하는 욕망, 이 모든 것이 무지無知의 통치권에 속한 것들이다. 물론 몸에 병이 들거나 사업에 실패하거나 아무것도 모르는 상태로 머물러야 하는 것은 아니다. 마땅히 우리는 실패를 두려워하지 않으며, 건강하고 풍요롭고 지혜로운 사람이 되려고 애써야 한다. 그러나 그 모든 일에서 어느 것에도 집착하지 않고 언제나 마음의 평정을 유지해야 한다.

불완전함은 망상妄想이다

건강과 재물과 지혜를 얻고자 애쓰는 사람은 그 자체가 하나의 망상妄想(delusion)임을 알아야 한다. 필요한 모든 것을 그의 내면에 있는 만능 자아(all-powerful Self)가 두루 갖추고 있기 때문이다. 무엇인가 없다고 결핍을 느끼는 것 자체가 그릇된 생각의 열매다.

건강하고 부유하고 지혜로운 어느 왕자가 꿈에 가난한 거지가 되었다. 그가 꿈속에서 울부짖었다. '아, 내가 재물과 지혜를 잃고 암癌까지 걸렸구나!' 왕비가 남편을 깨우며 말했다. "보십시오. 전하殿下는 재물도 지혜도 잃지 않았고, 병에 걸리지도 않았답니다. 이렇게 부자 나라에서 건강하고 지혜로운 몸으로 제 곁에 편안히 누워 있잖아요? 그냥 한바탕 악몽을 꾼 거예요."

무지한 사람이 이와 같다. 그는 지금 꿈속에서 결핍과 실패를 경험하고 있지만, 언제라도 깨어나 우주를 다스리는 왕의 아들로서 본디 제 것인 기쁨, 건강, 풍요로움 그리고 지혜를 주장할 수 있다. 그저 하느님의 완전한 나라에서 불완전한 무엇을 꿈꾸고 있는 것이다.

먼저 하느님을 알 것

오늘날 영성을 논하는 단체들이 후렴처럼 노래하는 건강과 번영에 대한 끊임없는 욕망은 결국 종살이로 가는 길이다. 우리는 먼저 하느님을 찾고 그분 안에서 건강과 번영을 발견해야 한다. 거지들은 동냥바가지에 담긴 것밖에 못 얻지만, 아들은 아버지의 유산을 물려받는다. 그래서 예수가 말하기를 먼저 하느님을 찾으라고 했던 것이다. 앞의 일을 제대로 했으면 건강과 번영이 뒤따라올 것이다. 지혜와 더불어 인간의 영혼에 필요한 다른 모든 것들을 타고난 권리로 얻게 될 것이다.

건강과 번영과 지혜를 구걸하기보다는, 깊은 명상으로 하느님께 연결되어 처음부터 완벽한 건강과 번영과 지혜가 자기한테 있음을 몸으로 느끼는 것이 최선이다. 실제로 인간의 이런저런 노력들은 인과응보의 법칙에서 벗어나지 못한다. 사람은 자기가 받을 만한 것보다 더 받을 수 없다. 누구도 구걸로는 제 욕망을 다 채우지 못한다. 그러나 먼저 자신이 하느님과 하나임을 깨칠 때, 필요한 모든 것을 소유할 수 있다.

인간이 욕망하거나 구걸한다고 영원불멸을 얻지는 못한다. 자기가 처음부터 영원불멸하는 존재이고, 이른바 '죽음'이 꿈에 불과한 것임을 깨달아야 한다.

하느님의 계획에 따르면 인간은 유아기, 청년기, 장년기를 거치면서 성장과 성숙을 경험해야 한다. 그러나 노년에 늙거나 병들어 죽음을 경험해야 하는 것은 아니다. 나이가 많다 해도 병들어 고통스러운 죽음을 맞아야 하는 것은 아니다. 삶과 죽음의 드라마 속에서 자기 의지대로 인생영화를 계속 관람하거나, 아니면 육체적 정신적 고통 없이 막幕을 내리는 경우가 있을 따름이다.

통증의 기원

만물을 끝없이 겉으로 드러나게 하려고 바깥으로 흐르는 힘(사탄)은, 사람이 아프지 않으면 이 땅에 머무르려고 마음먹지 않으리라는 사실을 알았다. 그래서 통증(pain)이라는 환각幻覺을 창조했는데, 이것은 순전히 정신적인 현상이다.

그러나 사탄이 도끼로 제 발등을 찍은 셈이다. 육신의 아픔과 슬픔 때문에 물질에 갇힌 영혼들이 하느님 안에서 자유를 찾게 되기 때문이다. 정형외과 의사인 친구가 내게 말해주었다. 아이들은 기형畸形인 손발을 먼저 수술 받겠다고 다투는데, 어른들은 몇 주 동안 권하고 달래야 수술을 받는다고.

인간은 다행히도 아픔을 덜어주는 마취제를 찾아냈다. 그러나 본디 인간은 어떤 것에도 집착하지 않는 보편적인 자기 통제 (self-control) 기능이 있어서, 몸이 상처 입어도 통증을 느끼지 않을 수 있다. 다른 사람이 수술 받는 것을 보면서 정신적으로 흥분하거나 육체적으로 아파하지 않듯이, 수술 받는 자기 몸을 통증 없이 지켜볼 수 있다는 뜻이다.

통증에 대한 두려움이 없고 과민한 상상을 멈출 수 있다면 아픔도 덜 느껴질 것이다. 산전수전 다 겪으며 자라나 감각이 덜 예민한 농부의 아들이 바람에 다칠세라 애지중지 키운 부잣집 민감한 도련님보다 육신의 아픔을 덜 느끼는 법이다.

사탄은 하느님이 연출하시는 드라마의 한 부분이다

우주에는 두 가지 절대 요인(two absolute causes)이 있을 수 없다. 사탄은 하느님이 연출하시는 드라마의 한 부분이다. 연극 무대에 악당이 필요하듯, 그도 필요한 존재다. 악惡은 하느님을 감추는 장막이자 인간의 마음을 하느님한테서 멀어지게 만드는 자석이다. 선善은 산들바람이 연기를 날리고 숨은 불꽃을 드러내듯이, 숨어계시는 하느님을 드러내도록 도와주는 힘이다.

그러나 이원二元의 세계에는 선악이 공존한다. 위없이 높으신 영(Supreme Spirit)인 하느님은 그 둘 너머에 계신다. 모르는 것 없는 그분은 선과 악을 함께 아신다. 그러나 선은 사람 마음에 지복

至福의 존재를 더욱 분명히 보여준다. 이 선을 가리켜 '상대성 너머의 절대적 선'이라고 할 수 있겠다. 반면 사탄의 힘은 의식적으로, 영원히 밝은 신성의 빛을 일부러 사람의 눈길에서 감추려 한다.

환생의 이력履歷

하느님을 사랑하고 웬만큼 영적으로 성숙한 남자가 있었다. 그러나 아직 그에게는 미처 채우지 못한 욕망들이 남아있었다. 살 만큼 살고 임종을 맞게 되었을 때 천사가 나타나 그에게 물었다. "아직 바라는 것이 남아있는가?"

그가 말했다. "네, 있어요. 이번 생은 몸이 약하고 너무 말라서 늘 골골했지요. 다음 생은 힘 있고 건강한 몸으로 살고 싶습니다."

다음 생에 그는 건강하고 장대하고 튼실한 몸으로 태어났지만 평생 가난해서 그 장대한 몸을 배불리 먹이는 일 자체가 힘들었다. 그렇게 배고픈 상태로 죽게 되었을 때 천사가 다시 나타나 그에게 물었다. "아직 채우지 못한 욕망이 남아있는가?"

그가 말했다. "네, 있어요. 다음 생에는 건강한 몸에 재물도 넉넉했으면 합니다."

자, 다음 생에서 그는 몸도 건강하고 재물도 넉넉했다. 그러나 그 좋은 것들을 함께 나눌 짝이 없어 그게 늘 마음에 걸렸다. 그가 죽어갈 때 천사가 나타나 물었다. "무슨 다른 욕망이 남아있는가?"

그가 답했다. "네, 제발 다음 생에는 몸도 건강하고 재물도 넉넉하고 착한 여자를 아내로 삼았으면 좋겠습니다."

다음 생에서 그는 원하는 모든 복을 다 받았다. 아내 역시 착한 여자였다. 그러나 너무 일찍 죽었다. 그래서 아내를 먼저 보내고 남은 세월을 아내의 유품인 장갑, 구두 따위 물건들을 어루만지며 슬픔으로 보내야 했다. 마침내 큰 슬픔을 안은 채로 죽게 되었을 때 천사가 나타나 그에게 물었다. "이번엔 어떤가?"

"다음 생은 몸도 건강하고 재물도 넉넉하고 착한 아내와 오래도록 함께 살았으면 합니다."

"그것으로 되겠는가? 다른 건 필요 없고?"

"네, 그러면 더 바랄 것이 없겠습니다."

자, 다음 생에 그는 이 모든 것을 누렸고 착한 아내도 오래 살았다. 그런데 문제가 생겼다. 아내가 너무 오래 산 것이다. 결국 그는 젊고 예쁜 여비서의 매력에 빠져버렸다. 그래서 아내를 버리고 젊은 여자에게로 갔다. 그러나 젊은 여자가 노린 것은 그의 돈이었다. 그녀는 챙길 것을 모두 챙긴 뒤 젊은 남자와 달아났다. 이윽고 그가 임종을 맞게 되었을 때 천사가 다시 나타나 그에게 물었다. "자, 이번엔 어떠하신가?"

남자가 소리쳤다. "아니! 더는 아무것도 필요 없소. 마침내 교훈을 얻었습니다. 원하는 모든 것이 두루 채워졌어도 움켜잡을 것은 언제나 또 있더군요. 이제부터는 부자든 가난하든, 건강하든 나약하든, 결혼했든 독신이든, 땅에 있든 천계에 있든 내가 원하는 건 오로지 신성한 연인(divine Beloved)과 함께 있는 것이오. 거기가 어디든 하느님이 계시는 곳, 오직 거기에만 완전함이 있습니다."

과학적으로 입증된 환생

하느님의 존재를 믿는 사람이라면 당연히 환생에 대해서도 믿을 것이다. 사실 그 둘은 서로 얽혀있기 때문이다. 그러나 의심하는 자들과 하느님을 믿지 않는 자들에겐 어떨까? 환생은 그들에게 흡족할 만큼 과학적으로 증명 가능한 진실인가?

물질 과학자들은 하느님이 존재한다는 실증을 발견하지 못했다고 말한다. 그러므로 모든 생명에게 환생을 통해 고루 성장할 기회를 준다는 그분의 법칙이 존재한다는 증거 또한 내놓을 수 없다. 그런 과학자들에게는 순진무구한 아기의 고통과 삶의 또 다른 불평등은 이해할 수 없는 일이며, 어디에도 하느님이 계시지 않는다는 사실을 가리키는 것 같다.

과학적 법칙

반면 공의로운 하느님을 믿는 많은 사람이 그냥 믿을 뿐, 믿지 않는 사람들에게 자기 믿음을 과학적으로 입증하지는 않는다. 용기를 내어 자기 믿음을 자세히 들여다보거나 탐색하려 들지 않기 때문이다. 달리 말하면, 자기 믿음의 내용을 입증해줄 과학적 영성 법칙이 있다는 사실을 모른다는 얘기다.

물리적 진실을 알아내는 데 과학자들이 사용하는 '실험'이라는 방법을 왜 영성 법칙을 탐색하는 데는 쓰지 않는가? 수세기 전에 힌두 학자들이 이런 질문을 던졌고, 그에 대한 답을 찾는 일에 뛰어들었다. 그들의 과학적 실험 방식을 적용하면 누구든 영성 법칙이 실재한다는 사실을 알게 되고, 따라서 환생을 비롯해 거대한 우주의 많은 진실을 발견할 수 있다.

이 방법은 실재한다. 그러니 직접 그 방법을 따라 결과를 알게 되기까지는 환생이나 다른 영성 법칙들이 작용하지 않는다고 누구도 말할 수 없다. 물론 과학자도 나름대로 자기 생각을 말할 수는 있다. 그러나 그것은 어디까지나 그의 견해일 뿐, 객관적 진실은 아니다.

물리학에서 어떤 이론이 진실임을 입증하려면 반드시 그에 상응하는 실험 방식이 뒤따라야 한다. 육안肉眼으로는 미생물이 보이지 않는다. 그것들이 있음을 밝히려면 현미경을 써야 한다. 만일 누군가 현미경을 들여다보지 않겠다고 한다면, 미생물이 존재한다는 이론을 과학적으로 실험해보지 않겠다는 것이다. 따라서 그의 견해에는 가치가 없다. 진실이 규명되는 데 필요한 방법을 채

택하지 않았기 때문이다. 방법은 이미 발견되었고 실험 대상은 앞에 놓여있다. 결과는 실험에 관심 있는 모든 사람에게 공평하게 열려있다.

영성 법칙에 대한 과학적 접근 방식이 결여된 서양에서는 인간의 삶에서 작용하는 종교의 가치가 상대적으로 위축되어있다. 영적 진실을 믿느냐 거부하느냐, 이것은 과학적 탐색의 결과라기보다는 개인의 편견에 그 바탕을 둔 것이다.

인간의 의식에 관한 실험들

고대 인도의 스승들은 은둔처에서 인간의 삶과 생각에 관한 여러 실험을 통해 영원불변하는 우주의 법칙들을 발견했다. 물질에 관한 진실을 발견하려면 물질을 소재로 실험해야 한다. 환생 또는 한 영혼이 여러 몸으로 옮겨 다니는 것에 관한 진실을 알고 싶다면 인간의 의식(consciousness)을 실험 대상으로 삼아야 한다.

고대 과학자들은 인간의 에고ego(저를 제 몸과 동일시하는 영혼)가 한 생을 사는 동안에 깨어있고, 꿈꾸고, 깊은 잠을 자면서 겪는 온갖 경험과 생각들보다 오래 살아남는다는 사실을 알아냈다. 인간의 경험, 환경, 감각, 생각, 몸 상태는 끊임없이 변한다. 그러나 그것들을 경험하면서 알고 있는 '나'는 태어나서 죽기까지 변치 않는다. 그래서 힌두 스승들은 여러 모양으로 바뀌는 삶의 상태들, 깨어있고 꿈꾸고 깊은 잠에 빠져든 상태들을 끊임없이 성찰 또는 관찰하면서 변치 않고 영원한 본성에 집중할 수 있다고 주장했다.

　　일반적으로 사람들은 깨어있는 상태를 의식하며, 가끔은 꿈 상태도 의식한다. 자신이 지금 꿈꾸는 줄 알면서 꿈을 꾸는 경우도 간혹 있다. 따라서 특정한 방법을 택해서 실행하면 자신이 잠들어 있고, 꿈꾸고 있고, 꿈 없는 '깊은 잠'에 들어있는 상태 전부를 스스로 알 수 있다.

잠든 상태에서 쉬기

　　잠든 동안 운동신경과 감각신경에서는 에너지의 불수의적不隨意的 이완이 일어난다. 요가 명상 수행을 하면 깨어있는 동안에도 원하는 대로 이러한 이완이 가능하다. '죽음이라는 깊은 잠' 속에서는 더욱 커다란 이완이 일어난다. 심장과 뇌척수 축에서 에너지가 물러나는 것이다. 그러나 특정 요가 수행을 하면 깨어있는 상태에서 의식적으로도 이렇게 깊은 이완이 가능해진다. 다시 말해, 모든 불수의적 기능은 수행을 통해 수의적이고 의식적으로 이루어질 수 있다.

　　고대 힌두교도들은 죽음이 감각 및 운동 신경이라는 전선電線을 포함해, 인간의 육신이라는 전구電球에서, 외부의 다른 경로로 생명이라는 전기電氣가 물러나는 것임을 발견했다. 망가진 전구가 꺼졌다고 전기가 사라진 것은 아니듯이, 불수의적 신경이 잠잠해졌다고 생명 에너지가 소멸된 것은 아니다. 생명 에너지는 죽음과 동시에 우주 에너지(Cosmic Energy)로 회수되는 것이다.

기氣의 흐름이 거두어짐

잠들면 의식이 작용을 멈춘다. 의식의 흐름(current)이 잠정적으로 신경계에서 빠져나간다. 죽으면 인간의 의식이 더 이상 몸을 통해 저를 나타내지 않는다. 마치 사람의 팔이 마비되는 것과 같다. 팔이 있다는 것은 아는데, 그 팔로 아무것도 할 수가 없다.

한동안 혼수상태(coma, 생명력의 활동 정지)에 빠졌던 성직자에 대한 기록이 의학계에 남아있다. 그는 사람들이 자신의 죽음을 에워싸고 슬퍼하는 소리를 들었지만 자기가 깨어있다는 사실을 몸으로 표현할 수 없었다. 운동신경이 고장 나서 명령대로 움직여주지 않았던 것이다. 이윽고 친구들이 시신을 방부처리하려고 준비할 때, 그가 기를 쓰고 노력한 끝에 혼수상태로 들어간 지 스물네 시간 만에, 가까스로 몸을 움직일 수 있었다. 이것은 사람이 '나' 또는 자기 정체에 대해, 비록 몸이 죽은 것처럼 보일지라도 계속 알고 있음을 보여주는 하나의 실례實例다.

힌두 스승들은 의식적으로 자기 몸에서 에너지와 의식을 분리하는 법을 배우라고 말한다. 자신의 잠든 상태를 의식적으로 지켜보고, 임의로 에너지를 척추와 심장에서 거두는 수련을 하라는 것이다. 그러니까 죽음이 내 뜻을 거슬러 내 몸에 억지로 하게 될 일을 의식적으로, 임의로 하는 법을 배우라는 얘기다.

놀라운 사례

유럽 의사들 문서함에 사두 하리다스Sadhu Haridas라는 사람의 놀라운 사례가 보관되어있다. 자신의 기氣와 의식을 몸에서 이탈시켰다가 몇 달 뒤에 되찾은 사람이다. 사람들이 그의 몸을 땅에 묻고 몇 달 동안 그 주변을 지켰다. 정해진 때가 되어 사람들이 땅속에서 그의 몸을 꺼냈는데, 유럽 의사들이 자세히 진찰해본 뒤 죽었다고 선언했다. 그런데 몇 분 뒤에 사두 하리다스는 눈을 떴고, 몸의 기능을 모두 회복한 뒤 몇 년을 더 살다가 죽었다. 그는 오랜 수련으로 자신의 몸과 마음에서 부지불식간에 작용하는 모든 기능을 통제할 수 있었던 것이다. 그는 우주의 법칙을 깨칠 방법을 실험해본 영적 과학자(spiritual scientist)로서, 결과적으로 인간의 정체正體와 생명의 영원한 본성이 변치 않는다는 이론이 사실임을 자기 몸으로 보여주었다.

환생 이론의 과학적 진실을 알고 싶은 사람은 고대로부터 힌두 스승들을 통해 전승된 법칙을 따르고, 잠든 상태에서 피동적으로가 아니라, 깨어있는 상태에서 임의로 다섯 가지 감각에서 자신을 분리하는 법을 배워야 한다. 그리고 심장의 박동을 통제할 수 있어야 한다. 말하자면 의식적인 자기 죽음, 또는 가사假死 상태를 경험해야 한다는 얘기다. 육체로부터 영혼을 이탈시키는 것이다.

이어가는 수련들

위와 같은 결과로 이끌어주는 수련을 이어가면서 우리는 존재의 온갖 상태에서 에고를 이어갈 수 있다. 죽음과 여러 공간들을 관통해 다른 몸, 또는 다른 세계로 에고를 이어갈 수 있다는 말이다. 이것을 깨치지 못하면 죽음이라는 깊은 잠에 빠져서도 인간의 정체를 감지感知하지 못하고, 따라서 전생의 깊은 잠을 기억하지 못한다. 이런 법칙을 실험하고, 그래서 값을 매길 수 없는 확연한 지식을 세상에 선물한 고대 힌두 과학자들의 방법을 그대로 적용하면, 인간은 환생을 포함해 다른 영원한 진리들에 관한 참된 지식을 얻을 수 있다.

자유로 가는 길

호흡과 심장박동 없이도 살 수 있는 진보한 영혼만이 의식적으로 호흡과 심장이 멈추는 죽음의 상태를 경험할 수 있다. 평범한 영혼은 호흡을 멈추면 의식을 잃는다. 진보한 영혼은 의식적으로 지상에서의 죽음 후에 이어지는 천계天界(Astral World)로 갈 수 있다. 따라서 숨을 멈추고 침묵을 수련하는 것은 의식적으로 영의 세계에 들어가기 위해 필요한 하나의 조건, 마치 여권과 같다.

환생이라는 문제는 가장 큰 신비다. 자연은 미성숙한 영혼들이 낙오되는 것을 원치 않기 때문이다. 초인超人들은 자신의 과거를 기억한다. 나는 어린 시절부터 영적인 길을 따라야 하고, 영혼의 은하계가 내 삶을 활기차게 해주리라는 것을 알고 있었다.

환생을 통해 영혼들은 갈색, 흰색, 검은색, 노란색, 붉은색 피부의 인종을 비롯해 광물, 식물, 동물 및 인간의 왕국을 여행한다. 그렇게 하나의 몸이나 하나의 인종에 얽매이지 않으며, 자신을 만물에 편재하는 하나님의 자녀로 인식하는 법을 배운다.

마음속에 증오와 혐오가 있는 한, 사람은 환생의 통로를 계속 배회해야 한다. 힌두 스승들에 따르면 800만 번 살고난 후에야 겨우 인간의 삶을 얻게 된다. 이 귀하고 힘들게 얻은 인간의 삶을 어리석음으로 낭비하지 말고, 감각과 무지의 진흙탕을 헤매지 말라. 이 삶에서 당신은 편재하는 영(Spirit)과 의식적으로 하나가 되고 모든 피조물에 형제애를 느끼는 것으로, 자신이 어떤 것이나 어떤 인종에도 전적으로 속하지 않으며 모든 것과 모든 존재에 속해 있음을 깨달을 수 있다.

별, 구름, 새, 짐승, 사람, 버림받은 것들이 모두 혈족으로 느껴지고 가슴이 두근거린다면 더는 환생하지 않아도 될 것이다. 당신은 무지갯빛 지혜의 문을 열어 어디든 자유롭게 떠날 것이며, 그리하여 슬픔에 잠겨 살아있거나 죽어있는 모든 생명이 하나님의 영원한 자유를 향해 신속히 탈출하게 될 것이다.

환생으로부터의 해방

『바가바드기타』는 환생을 끝없이 돌아가는 수레바퀴로 묘사한다. 그 바퀴에서 벗어나려면 해방되기를 간절히 바라야 한다. 그때라야 하느님이 당신을 풀어주실 것이다. 그 소원이 절실해야 한다. 진실로 그렇게 되면, 그래서 더는 세상에서 놀지 않겠다는 결심이 단단해지면, 주인님이 당신을 풀어줄 수밖에 없을 것이다. 그분이 당신을 이곳에서 계속 시험하는 중이지만, 우주의 연인(Cosmic Lover)이신 그분은 이런 드라마를 즐기기보다는 당신이 여기서 벗어나기를 바라신다. 당신이 참으로 그분의 드라마가 아니라 그분만을 원하고, 오직 그분 안에서 해방되기를 원한다면 어떻게 그분이 당신을 풀어주지 않으시겠는가?

당신과 나무에는 같은 본질, 의식하는 생명(conscious life)이 있다. 그런데 나무는 그 모양으로 서있고 당신에게는 자유의지가 있어, 그것이 지금의 당신을 만들었다. 어디서 정해진 운명이 끝나고 어디서 자유의지가 비롯되는지는 오로지 현자들만 알고 있다. 그 사이에서 당신은 아는 만큼 자기 몫에 최선을 다해야 한다. 물에 빠져 죽어가는 사람이 공기를 갈망하듯 해방을 갈망해야 한다. 뜨거운 갈망 없이는 결코 하느님을 찾지 못할 것이다. 다른 무엇보다도 그분을 갈망하라. 모든 것을 그분과 함께 할 수 있도록 그분만을 갈망하라. 이것을 무엇보다도 큰 목마름으로 여기라.

그러면서 동시에 기쁨과 슬픔, 쾌락과 고통, 질병과 건강 등 모든 이원二元을 초월하라. 다른 모든 것과 다른 모든 사람들로부터 동떨어진 존재라는 착각에서 스스로를 해방하라. 오로지 그분께만 마음을 쏟으라. 당신이 되고픈, 어디에도 구애받지 않고 흔들림 없는 옹근 영(Spirit)으로 머무르라. 그분만이 당신의 참 자아다. 그분의 지복至福만이 당신의 참 본성이다.

옮긴이의 말

사람의 '말'이 있다는 것은 그게 가리키는 '무엇'이 있다는 거다. 세상에 없는 것은, 있더라도 그런 게 있는 줄 사람들이 모르면, 그건 (적어도 아직까지는) 없는 거다.

'환생還生'이라는 단어가 그렇다. 사람이 죽었다가 다른 무엇으로 거듭 태어난다는 게 이른바 '환생'인데, 그런 게 있으니까 그런 말이 있는 것이다.

뉴욕 마천루摩天樓에 올라가본 사람한테는 뉴욕에 마천루가 있다는 사실이 너무나 확실해서 따로 말할 것도 없다. 직접 자기 눈으로 마천루를 보지 못한 사람도 거기 다녀온 사람의 말을 듣고 그 말을 믿으면, 그에게는 마천루가 있는 것이다.

이李 아무한테 '죽음'이나 '환생'이 그런 것이다. 아무는 뉴욕에 마천루가 있다는 사실을 의심하지 않는다. 마찬가지로 사람이 죽어도 죽지 않는다는, 아직은 알지 못할 다른 여정旅程이 본인의 죽음으로 비롯된다는, 스승의 말씀을 의심하지 않는다.

마천루야 어디 있거나 말거나 아무의 삶에 영향을 끼칠 것이 별로 없지만 '죽음'이나 '환생'은 그렇지 않다. '자유'나 '구원'처럼 그것들에 대한 이해가 현재하는 아무의 삶에 막대한 영향을 주기 때문이다.

아무는 요가난다Yogananda라는 인도사람을 직접 만난 적이 없다. 하지만 그의 글을 읽으면서 그가 아무보다 한 수준 위에 있고, 아무가 가고자 하는 길에서 한 걸음 앞섰다는 사실을 시인하지 않을 수 없었다. 그래서 독자들이 어떻게 읽고 소화할 것인지 고려하지 않고, 책으로 출판할 계획도 없이, 그냥 저 혼자 좋아서 옮겨보았다.

이 글을 읽고 옮기는 작업이 아무의 오늘에 무슨 좋은 영향을 미치지 않았다면, 그래서 아무가 오늘 하루를 좀더 알차게 그리고 제가 바라는 삶을 창조하는 데 도움이 되지 않았다면, 아무는 지금 세상과 저에게 괘씸한 사기를 치고 있는 것이다. 세상이 어떻게 볼지는 모를 일이나 아무는 살만큼 산 이 나이에 본인에게나 다른 누구에게나 사기를 칠 마음이 바늘 끝만큼도 없다. 방금 괜한 말을 했지만 지우지는 않겠다.

삼인출판사 승권 아우님이 출판을 맡아주고 인도문화에 아무보다 훨씬 익숙한 수진 누이가 본문을 착실히 대조하며 오역을 바로잡아서 독자들이 안심하고 읽을 수 있게 해준 것, 다만 고맙고 고마울 따름이다. 이렇게 서로 돕고 도움 받으며 살자는 게 인생 아닌가?

이 책이 독자들의 소중한 자아실현에 조금이라도 도움을 준다면 더 바랄 것이 없겠다.

2022년 초겨울

충주 노은老隱에서, 이 아무